Hans Bauer

Geheimnisvolles Franken

Fachwerkensemble in
Ochsenfurt/Lkr. Würzburg

Hans Bauer

GEHEIMNISVOLLES FRANKEN

Unbekanntes Franken
Band III, 1. Teil

J.H. Röll

Umschlagbild von Josef Kaiser: Burgruine Altenberg, Lkr. Haßberge

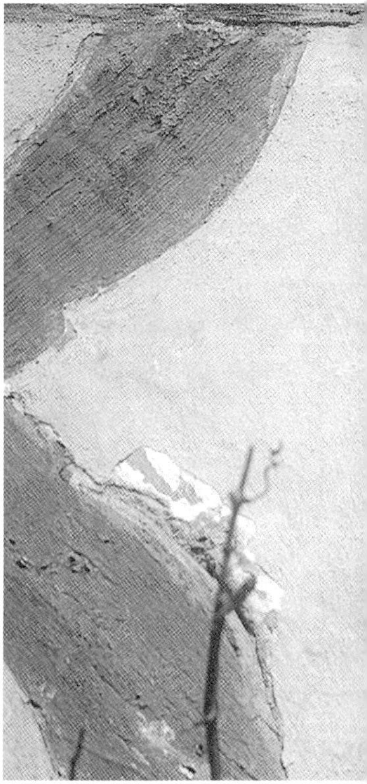

Fratze an einem Fachwerkhaus
von Königsberg i.B./Lkr. Haßberge

Die Deutsche Bibliothek — CIP-Einheitsaufnahme

Bauer, Hans:
Geheimnisvolles Franken / Hans Bauer — Dettelbach: Röll 2000
Unbekanntes Franken ; Band 3
ISBN 3-89754-149-1

Gedruckt auf chlorfreiem, alterungsbeständigem Papier.
Fotos: Hans Bauer
Gesamtherstellung: Verlag Röll

Printed in Germany

ISBN 3-89754-149-1

Die Reihe „Unbekanntes Franken“
führt ins innerste Wesen
dieser schönen Landschaft.

Nur wer sich die Fähigkeit
des stillen, aufmerksamen Schauens
bewahrt hat,
kennt Franken wirklich.

Franken ist mehr als
Weinfestseligkeit
und Fachwerkromantik –
viel mehr!

Diese Buchreihe
bietet eine Entdeckungsreise,
eine „Schule des Sehens“ an.

Band I: Hoftore und Pforten (erschienen 1996)
Band II: Romanik (erschienen 1997)
Band III: Geheimnisvolles Franken, 2. Teil (erscheint 2000)
Band IV: Rathäuser — Schauplätze fränkischer Alltagsgeschichte

Weitere Bände sind in Vorbereitung.

Inhaltsverzeichnis

Fachwerkdetail in
Ochsenfurt/Lkr. Würzburg

Fachwerkensemble in
Ochsenfurt/Lkr. Würzburg

Franken — die unerkannte Vielfalt

Franken ist ein viel beschriebenes und viel gepriesenes Land. Reiseführer, Bildbände und Bücher unterschiedlichster Themen füllen Bände und Regale. Es gibt scheinbar nichts mehr, was nicht schon da oder dort, von diesem und jenem Autor in endloser Breite dargeboten wäre.

Ist alles schon ausgesprochen? Bleibt nichts mehr, was man gleichermaßen dem Besucher und dem Franken selbst über diesen Landstrich erzählen müsste?

Franken ist eine Kulturlandschaft, die von den kleinen Strukturen lebt und von ihnen maßgeblich geprägt wird, quasi wie ein buntes Mosaik, das sich aus vielen Einzelteilen zusammensetzt. Mag sein, dass das eng gefügte Fachwerk fränkischer Häuser ein Symbol dafür ist, weil es sich aus einfachen, aber anmutigen Gefachen zusammensetzt. Jede dieser Kleinigkeiten, jedes Element aber ist wichtig, ja unverzichtbar; würde eines fehlen, wäre der Gesamteindruck gestört, die Harmonie erlebte einen unüberhörbaren Missklang.

Wer ins innerste Wesen Frankens vorstoßen will, braucht Geduld, ein wenig Spürsinn und Forscherfreude. Nur mit diesen Fähigkeiten ist man in der Lage, die fränkische Vielfalt kennen zu lernen und die unmittelbar berührende Erfahrung zu machen, dass man diese spröde Schönheit bislang nur oberflächlich betrachtet, lediglich im Vorübergehen gesehen hat, ohne sie wirklich und angemessen zu würdigen.

Wer zu solchen Entdeckungen fähig ist, der kann auch in das geheimnisvolle Franken eindringen. Er wird Orte und Denkmäler aufspüren, die in der Geschichte Frankens verankert sind, aber dennoch ihre ganz eigene, unverwechselbare Geschichte erlebt und gemacht haben. Es geht in diesem Buch nicht einfach darum, ein paar Kuriositäten aneinander zu reihen, ganz im Gegenteil: so manches hier beschriebene Beispiel mag zwar auf den ersten Blick eigenartig oder gar abstrus wirken, doch bei genauer Betrachtung kommen sehr ernste, manchmal sogar tragische Hintergründe zum Vorschein.

Und solcher Stätten gibt es viele! Der eilige Tourist und der alltagsblinde Bewohner werden achtlos an ihnen vorbei gehen. Dieses Buch will deshalb eine Anleitung sein, will Anregungen bieten, sich ganz bewusst den geheimnisvollen, rätselhaften und schwer zu deutenden Merkmalen zu nähern — eine Art „Reiseführer" also hin zu Franken, „wie es kaum jemand kennt", eine Fahrt ins Unbekannte, an deren Ende die Erkenntnis steht, dass unsere Gegend zwar viel beschrieben ist, aber letztendlich doch sehr viele Geheimnisse birgt …

Kirchenruine auf dem Acker

Die „Anhäuser Mauer“

Das Hohenloher Land gehört zu jenen immer seltener werdenden Landstrichen, die von der Flutwelle des Fremdenverkehrs noch nicht überspült und ausgehöhlt worden sind. Diese gesegnete Gegend an Main, Tauber, Kocher und Jagst zu durchstreifen und näher kennen zu lernen ist nicht jedermanns Sache; wer die rasche Zerstreuung und buntes Treiben sucht, wird enttäuscht. Es ist eine Landschaft der Ruhe, der kleinen Siedlungsstrukturen und schmalen Landstraßen, die nach einem Besucher verlangt, der Zeit mitbringt, der still werden und sich vertiefen kann. Wer dazu fähig ist, wird die Erfahrung machen: Hohenlohe ist ein Land, das man nicht nur einmal, sondern immer wieder aufsucht!

Die über viele Jahrhunderte zurückreichenden historischen Bindungen haben dazu geführt, dass wir noch heute von „Hohenlohe-Franken“ sprechen, obwohl diese Gegend seit dem Ende des Alten Reiches, der napoleonischen Gebietsveränderungen im Jahre 1806, württembergisch ist und heute zum Bundesland Baden-Württemberg gehört. Auch wenn sich schwäbische Sprachelemente in die Hohenloher Mundart eingeschichtet haben, so haben die Bewohner des nordwärts angrenzenden Mainfranken noch immer eine nicht zu unterschätzende Seelenverwandtschaft und offene Sympathie für das Hohenloher Land, für eine Gegend, die bis in die Täler und kleinen Dörfer hinein einstmals würzburgisch gewesen war.

Es ist deshalb nicht mehr als recht und billig, ja sogar eine Notwendigkeit, dass wir auf unserer Entdeckungsfahrt zu unbekannten, geheimnisvollen Merkzeichen Frankens auch das Hohenloher Land durchstreifen. Dieses und die zwei folgenden Kapitel führen den Leser an solch merkwürdige Stellen — sie sind unscheinbar, aber exemplarisch zugleich und werden ausreichen, um die Entdeckerfreude für diese kostbare, noch weit gehend unversehrte Gegend zu wecken.

Unser erstes Ziel erreichen wir am raschesten über die A 6 Heilbronn-Nürnberg, von der Ausfahrt Crailsheim aus. Wenn wir das nördlich der Autobahn gelegene Gröningen durchfahren haben, können wir in der Ferne bereits eine überaus eigenartige hohe Wand in der Landschaft erkennen, die sich inmitten des Ackerlandes erhebt. Über die schmale Landstraße ist es nicht mehr weit, um der „Anhäuser Mauer“, wie sie im Volksmund genannt wird, unsere Aufmerksamkeit zu schenken:

Schon im Jahre 1353 soll hier durch das Geschlecht der Bebenburger — diese hatten ihren Stammsitz unweit in Bemberg an der Brettach — ein Kloster gegründet worden sein. 1359 wird für den Ort eine Einsiedelei genannt. Sichere urkundliche Nachrichten sind für das Jahr 1403 erhalten, als an dieser Stelle eine Pauliner-Eremiten-Klosterkirche errichtet wurde. Im Bauernkrieg 1525 wurde sie geplündert und in Teilen zerstört — das Kloster löste sich auf, obwohl es doch nur annähernd kurze Zeit bestanden hatte. Die verbliebenen Gebäude und auch die gotische Marienkirche verfielen und wurden 1557 von den Ansbacher Markgrafen säkularisiert. Zu Beginn des 18. Jh. wurden auch die letzten Reste abgetragen — nur diese Mauer blieb stehen.

Es handelt sich archäologischen Rekonstruktionen zufolge um die nördliche Seitenwand des Chores. Die Ruine besitzt die beträchtlichen Ausmaße von 10 m Breite und 20 m Höhe — kein Wunder also, dass sie weithin die Hochebene beherrscht und die Blicke auf sich zieht! Zwei spitzbogige Rippenansätze reichen bis an die oberste

Mauerkante hinauf. Unter einem Schutzdach stehen in rechteckigen Rahmen fünf Epitaphien mit Reliefbildern der Bebenburger Ahnenreihe. Die Darstellung am rechten Rand zeigt den Bamberger Bischof Lupold von Bebenburg († 1363), einen berühmten Kirchenmann, der um das Jahr 1338 das staatsrechtliche Traktat „De iuribus regni et imperii“ verfasste und darin die Unabhängigkeit der Königswahl von der Macht des Papstes diskutierte. Das darunter in die Wand gefügte Bild ist schon so weit verwittert, dass wir es nicht mehr deuten können.

Die Anhäuser Mauer, in die Ruhe und Weite der umgebenden Landschaft eingebettet, bleibt nicht ohne Wirkung auf den Betrachter. Die Befürchtung eines Autors, der vor Jahrzehnten schrieb: „Wenn die Planung Wirklichkeit wird, führt bis zum Jahre 1970 nicht weit von der Anhäuser Mauer die Autobahn vorbei und die steinernen Ritter in der Wand werden von den Scheinwerfern der vorbeibrausenden Ungetüme angestrahlt ...“ hat sich nicht erfüllt. Es bleibt Muße und Beschaulichkeit genug, dass wir uns im Angesicht der Mauer die tragische Geschichte des Anhäuser Klosters vergegenwärtigen.

Die Anhäuser Mauer ist in ihrer Art eine Besonderheit — aber dennoch kein Einzelbeispiel. Vergleichbare Kirchenruinen finden wir auch an anderen geheimen Stellen Frankens:

Ein besonders archaisches Denkmal ist die romanische Kirchenruine von Filke im Lkr. Rhön/Grabfeld. Einst unmittelbar an der innerdeut-

schen Grenze gelegen befindet sie sich an einem der stillsten Orte Unterfrankens. Der „Mauerschedel“ reicht in seinen Ursprüngen bis in das 12. Jh. zurück und war im Mittelalter eine Kirchenburg. In unserem Buch „Romanik. Unbekanntes Franken Band II“ haben wir diesen geheimnisvollen Ort ausführlich beschrieben.

Recht weit von hier, nahe Wirsberg im Lkr. Kulmbach in Oberfranken, ragt die vom Wetter zerfressene Ruine der „Heilingskirche“ in den Himmel. Ähnlich wie die Anhäuser Mauer ist es der Rest einer über 15 m hohen Kirchenwand, die Teil einer gotischen Kirche war, die um die Mitte des 15. Jh. gebaut wurde. Sie hieß einst „Drei-Marien-Kirche“, weil sie der Muttergottes, Maria, der Mutter des Jakobus und Maria Magdalene geweiht war. In der Reformationszeit verfiel das Gotteshaus, das auch Wallfahrtskirche gewesen

Ruine der Heilingskirche bei Wirsberg, Lkr. Kulmbach

sein soll, und fiel dem Abbruch zum Opfer. Lediglich die mächtige Stirnmauer trotzt seitdem Wetter und Wind

Anhäuser Mauer, Mauerschedel und Heilingskirche — diese drei Beispiel aus ganz unterschiedlichen Gegenden Frankens mögen als Anregung genügen, um ein Gespür und die Entdeckungsfreude zu wecken, auch andernorts auf ähnliche Relikte aus vergangener Zeit zu achten und ihnen Wertschätzung zu widmen. Die Ruine der romanischen Gotthardskirche oberhalb von Amorbach, der Chorturm der um 1430 entstandenen Kapelle St. Jobst beim Weiler Buhlsbach nördlich von Ansbach, oder auch die Mauerreste der gotischen Kundigundenkapelle auf dem Kapellenberg, am Steigerwaldkamm nahe Bullenheim sind weitere Beispiele, die die Vielfalt versteckter, von Geheimnissen und Sagen umwobener Kirchenruinen beweisen.

Ruine der Kunigundenkapelle auf dem Bullenheimer Berg (Lkr. Neustadt/Aisch – Bad Windsheim)

Unerwartete Entdeckung

Die „Madonna im Kasten“

„… man glaubt, der Abgelegenheit wegen sei man hier am Ende der Welt. Eine Ruhe und Ausgeglichenheit liegt über der Landschaft, bis nach einer kleinen Steigung das Dorf und dahinter das Schloss Aschhausen auftaucht. Wer vergäße, bei der Besichtigung der zahlreichen und so verschiedenen Schlösser im Lande Aschhausen auszulassen, würde tatsächlich etwas versäumen. Allein schon die träumende Steinmadonna im romantischen Burggarten könnte zu heiterer Andacht einladen …“. Dieser liebenswerte Hinweis eines Reiseführers durch Hohenlohe, schon vor Jahrzehnten gedruckt, doch Gott sei Dank noch immer gültig, hat den Autor dieser Zeilen vor geraumer Zeit bewogen, sich auf den Weg nach Aschhausen zu machen.

Und ich kann bestätigen: die schwärmerischen Worte sind nicht übertrieben! Aschhausen liegt wenige Kilometer nördlich des bekannten Klosters Schöntal, im Westen des Hohenlohekreises, am Talrand des Erlenbachs. Das Schloss erreicht man über einige Serpentinen eines engen Weges. Bergfried und Teile der Ummauerung entstammen romanischer Zeit, dem 12. Jh., während die Hauptanlage selbst dem 16. Jh. und den Umbauten des Jahres 1713 zuzurechnen ist. Seit der Säkularisation ist das Schloss im Besitz der Grafen Zeppelin.

Durch das rundbogige Tor betreten wir den Schlosshof und wenden unsere Schritte nach links in das kleine, ein wenig verwilderte Gärtchen, das von niedrigen Buchsbaumhecken umrahmt und gegliedert wird. Doch wo steht die „träumende Sandsteinmadonna“, die der Reiseführer beschreibt? Zwar finden wir in einer Nische der Hauswand eine Regina coeli — zweifellos eine wertvolle Figur — doch kann damit nicht „unsere“ Madonna gemeint sein.

Ich selbst war bei meinem ersten Besuch auf Aschhausen reichlich ratlos und glaubte schon, vergeblich hierher gefahren zu sein, bis ich, mehr oder minder zufällig, die Türe des an der gegenüberliegenden Wand stehenden Holzkastens öffnete ... Freude und Überraschung waren groß:

In diesem unscheinbaren, ja unwürdigen Bretterverschlag stand jene Madonna, die allein die Reise nach Aschhausen lohnenswert macht! Eine lebensgroße Statue der gekrönten Muttergottes, in ein hoheitsvolles Gewand gekleidet, anmutig lächelnd und den Blick auf das Jesuskind gerichtet, das sie auf dem linken Arm trägt. Der Knabe hält die Weltkugel in den Händen und erwidert die freundliche Miene. Eine wunderschöne Madonna, Sinnbild einer vornehmen Frau jener Zeit — doch wie gelangte dieses kunsthistorisch bemerkenswerte gotische Standbild in das entlegene Aschhausen?

Leider lässt sich diese Frage nicht mehr klären. Sicher scheint lediglich ihre Herkunft aus burgundischem Einfluss zu sein. Frappierend ist ihre Ähnlichkeit mit einer Sandsteinmadonna im Kloster von Fontenay ... Den unwürdigen Bretterverschlag hat man inzwischen entfernt und die wertvolle Statue unter ein offenes Schutzhäuschen gestellt — schön ist auch dieses nicht.

Es ist nicht weiter tragisch, dass wir das Rätsel der Madonna nicht lösen können, sie strahlt uns an und gibt das Geheimnis ihrer Herkunft nicht preis. Doch haben ungelöste Fragen nicht ihren eigenen Reiz und eine besondere Anziehungskraft? Die Madonna im Aschhausener Burggarten ist ein Erlebnis ganz ausgefallener Art!

Die Kapelle an der Felswand

St. Wendel am Stein

1790 schrieb ein Autor in einer landeskundlichen Abhandlung: „… Nahe bei Hohebach zieht sich eine Felsenwand längs dem Ufer der Jagst hin, die zu den schönsten und sonderbarsten in Teutschland gehört, die in jedem gefühlvollen Herzen Bewunderung und Staunen erwecken muss, mit mehr oder weniger Schauer verbunden und die werth ist, nicht nur allein vom Landschaftsmaler studiert, sondern auch von jedem gesehen zu werden, dem es darum zu thun ist, die Natur in feierlichster Größe zu belauschen …“ 1821 bemerkte ein anderer Schriftsteller: „Die Gegend ist eigentlich ganz romantisch, fürchterlich schön, mit Felsen besetzt, welche allerhand Gestalten bilden …“.

Durch dieses scheinbar absonderlich reizvolle Tal führt heute die frequentierte Bundesstraße 19 von Würzburg und Bad Mergentheim nach Ulm. Und nur wer ortskundig ist, sich zielsicher informiert hat, wird zwischen den beiden Jagstdörfern Dörzbach und Hohebach rechts der Straße diese Felswand entdecken und dazu, auf der Höhe des großen Parkplatzes, eine trutzig-wuchtige Kapelle, die sich an die Felswand schmiegt und mit ihr verwachsen ist: „St. Wendel am Stein.“

Wer sie aus der Nähe erleben will — ein überaus lohnenswertes Unterfangen! — tut das am Be-

sten von Dörzbach aus. Ein befestigter Weg führt vom Westrand des Ortes am Fluss entlang, zu Fuß leicht zu begehen. Wer trotzdem mit dem Auto fahren will, gelangt bis zu einer geschlossenen Schranke im Uferwald. Von hier steigt man dann nach links ins Tal hinunter und ist nach wenigen Schritten am Ziel. Die Kapelle ist gastfreundlich auch an Werktagen geöffnet, und weil sie einsam und naturverbunden in der Landschaft liegt, ist man bei der Besichtigung mit großer Wahrscheinlichkeit allein und hat ausreichend Muße, mit Freude dieses altertümliche, sagenumwobene Denkmal zu besichtigen.

Wir betreten die Kirche durch das rundbogige Pförtchen — rasch umgibt uns der modrig-feuchte Geruch der Jahrhunderte — öffnen auch die Spitzbogentüre auf der gegenüberliegenden Seite, um das Licht hereinfluten zu lassen, um dann auf den Stühlen Platz zu nehmen und die Geschichtsträchtigkeit dieses eigentümlichen Ortes in uns einzuatmen.

1478 soll die dem hl. Wendelin, dem Schutzpatron der Hirten und Schäfer geweihte Kapelle urkundlich erstmals erwähnt und ein Wallfahrtsort gewesen sein. Die Bauzeit setzt man für die Jahre 1511 bis 1515 an — diese Jahreszahlen sind an den Außenwänden zu finden. Im Kern ist die Kapelle viel älter, wie ein romanisch anmutendes Fenster über dem spitzbogigen Eingang erkennen lässt. In der volkstümlichen, historisch allerdings in keiner Weise belegbaren Überlieferung gibt es verschiedenste Sagen um diesen Bau und seinen Standort.

Angeblich habe ein Schäfer die kleine Wallfahrtskirche gestiftet, weil er hier einen Schatz gefunden habe; ursprünglich habe er sie an einer gegenüberliegenden Stelle des Flusses errichten wollen, aber eine magische Kraft habe das Baumaterial immer wieder auf diese Uferseite gezogen. Ein kühner Heimatforscher aus Dörzbach ist sogar der festen Überzeugung, es sei der hl. Wendelin selbst gewesen, der die Kapelle errichtet habe. Zudem habe in einer der Felsnischen einst ein Einsiedler gelebt, in einer anderen — dem „Pritschenbabelesloch“ eine Venusjüngerin.

Zufallsfunde in einer der Tuffsteinhöhlen haben vor Jahrzehnten Gegenstände der Latènezeit

links:
Kapelle St. Wendel am Ufer der Jagst

Die bemalte Holzdecke

Blick aus dem Chor zur Felsenrückwand der Kapelle

zu Tage gefördert. Außerdem wurden zwei Dutzend menschlicher Skelette ausgegraben, von denen man annimmt, dass sie beim Bau der Kirche in die Höhle umgebettet worden sein könnten. Bei aller Ungewissheit — vor heimatgeschichtlich überhöhten Mutmaßungen und von lokalem Ethos verfärbten Behauptungen sollten wir uns hüten — kann man zu Recht behaupten, dass St. Wendel auf einem geschichtsträchtigen Platz steht, dessen von Menschen gestaltete Vergangenheit viel weiter zurückreicht als in das 16. oder 15. Jahrhundert.

Das Kirchenschiff, in dem wir sitzen, hat nur drei Wände. Die Rückwand fehlt, denn das Gebäude ist förmlich an den Tuffsteinfelsen geklebt. Die hölzerne Flachtonnendecke ist vollständig mit Blumen- und Rankenwerk bemalt, das wohl nicht aus der Ursprungszeit, sondern eher aus der Romantik des 19. Jh. stammt. Der Chor öffnet sich in einem Spitzbogen, und auch die Fenster des Altarraumes sind so geformt — Zeichen der späten Gotik, in der die Kapelle entstand. Auf der schlichten steinernen Altarmensa ist heute nur noch ein einfaches Tischkreuz zu sehen, doch befand sich hier seit 1630 ein aus Alabastermarmor

Versteckt, im Sommer dicht umwachsen liegt St. Wendel am anderen Ufer der Jagst jenseits der B 19

gefertigtes Altarbild aus der Hand von Michael Kern, jenem Bildhauer aus dem nicht allzu weit entfernten Forchtenberg, der damals als Protestant auch im Auftrag der Würzburger Fürstbischöfe arbeitete, was bedeutender Beleg für seine künstlerische Qualität sein mag. Viele seiner Werke sind in Mainfranken verbreitet, und weil der Alabastermarmor als besonders gut zu bearbeitender und gestaltender Werkstoff beliebt war, besaß die Bildhauerfamilie Kern in der Nähe von Forchtenberg einen eigenen Steinbruch. Das Altarbild war in jüngster Zeit häufig Misshandlungen, ja sogar Zerstörungen ausgesetzt, weshalb man es entfernte und in Dörzbach in der Ortskirche unterbrachte.

Genießen wir noch einige Augenblicke die ungemein archaische Wirkung des Kirchenraumes und dann, draußen in der Sonne auf der Mauer vor dem Kirchnerhaus sitzend diesen geheimnisvollen Ort. Er lebt nicht durch kunsthistorische Besonderheiten, sondern durch seinen Standort und die landschaftlich so reizvolle Lage. Wer botanische Interessen und Kenntnisse besitzt, wird sich auch an der vielfältigen Pflanzenwelt erfreuen, die sich rund um die Kapelle ausbreitet; zu Recht ist die gesamte Umgebung zum geschützten Naturdenkmal erhoben worden. Vorbehaltlos werden wir nun, nachdem wir erneut einen geheimnisvollen Ort Mainfrankens aufgespürt und kennen gelernt haben, der Aussage eines heimatbegeisterten Autors zustimmen: „Von den drei Haupttälern des Hohenloher Landes — dem der Jagst, des Kochers und der Tauber — ist das Jagsttal noch immer das stillste. St. Wendel gehört zu seinen Glanzpunkten."

Heitere Armenbibel

Die Martinskapelle von Bürgstadt

„Comics aus dem Mittelalter“ hat ein Autor vor geraumer Zeit die Wandmalereien der Bürgstadter Martinskapelle genannt — eine flapsige Beschreibung, die aber recht trefflich ist, wenn man davon absieht, dass der Künstler seine Bilderfolge später, also nicht im Mittelalter schuf. Auf heitere, mit naiv-anrührenden Versen begleitete Weise hat er seinen Zeitgenossen, die vielleicht weder lesen noch schreiben konnten, zumindest mit seinen Bildern wesentliche Szenen des Alten und Neuen Testaments fest gehalten und die beiden Seitenwände des Kirchenschiffs und die Stirnwand des Chores überreich und bunt bemalt. Ein Kuriosum, das in Franken und in weitem Umkreis darüber hinaus einzigartig ist — eben eines jener faszinierenden Geheimnisse unserer Gegend, mit denen sich dieses Buch beschäftigt.

Die Martinskapelle liegt im Schatten der Ortskirche in einer Nebengasse der viel befahrenen Hauptstraße. Den Schlüssel erhält man problemlos in der benachbarten Gärtnerei, und wenn man die Kirchentüre geöffnet hat, bleibt wieder einmal ausreichend viel Zeit, um sich in die Umgebung eines besonderen Ortes einzuleben.

1593 hat der unbekannte Meister „IBM“ — so seine Initialen, die er inmitten der Bilder versteckt hat — seinen Zyklus geschaffen. Er besteht aus 40 Medaillons und ist eine „biblia pauperum“, eine „Ar-

Blick von der Empore in das Kirchenschiff

Adam und Eva unter dem Paradiesbaum

Die Geburt Christi

menbibel", wie sie in Zeiten geringer Schriftlichkeit von Künstlern an den Wänden und den Fenstern der Kirchen angebracht wurde, um auch dem leseunkundigen Gläubigen jene Ereignisse und Geschichten anschaulich-optisch vor Augen zu führen, von denen der Priester aus dem Evangelium vorlas und auf der Kanzel predigte. Links oben beginnt die Bilderreihe mit der Erschaffung der Erde, der Erschaffung der Eva, sie fährt fort über den Sündenfall, erwähnt Kain und Abel, die Sündflut und weitere Geschehnisse des Alten Testaments. Auf der gegenüberliegenden Seite finden wir die Fortsetzung, beginnend an der Empore mit Szenen aus dem Leben Abrahams. Das Neue Testament wird auf der linken Seite ab der mittleren Reihe abgebildet und wir erkennen alle wichtigen Bibelstellen, von der Geburt Jesu bis zur Kreuzigung, Grablegung, Auferstehung, Himmelfahrt und dem Pfingstwunder. Herrlich sind die Texte, die das jeweilige Bild beschreiben; es ist nicht möglich, sie alle zu zitieren, doch einige Kostproben geben den rechten Eindruck:

Die Erschaffung der Erde:

„Von Anbegin der Herr
Schuf Himmel und Erden und das mer
Auch sonn und mon am Himmel hoch
zuletzt Adam seiner Bildtnis noch".

Die Erschaffung der Eva:

„Gott nam Eyn Ripp Aus adams Leib
Die weil er schlieff schuf draus ein weib".

Der Sündenfall:

„Durch Falschen List die gifftig schlang
Die Ersten Menschen leyder zwang

das sie vom Baum des Lebens assen
Und Gotts Gebott soBald vergassen".

Kain und Abel:
„Caim schlug seinen Bruder Todt
Gott strafft Ihn das er Lieff In Not
Sein Lebtag ziternd hin und her
An Gottes Gnad ver zweiffelt Er".

Jesu Geburt:
„Die Geburt Christi wirdt Offenbar
Den Hirten durch der engel schar."

Die Leidensgeschichte:
„Christus das Nachtmal Ein setz
Lies uns Allen das zu einer Letz."

„Auf dem Ölberg den Vatter bath
das er das Kreutz von ihn nem ab."

„Judas Der ungetrewe Hundt
Kust fälschlich den hern an seinen mundt".

„Für Pilato würt hart verklagt
Aber allezeit die unwarheit Gesagtt."

„Auf dem hohen Kreutz wurd er auffgericht
wie uns die heilig schrifft bericht."

„Von dem kreutz wurt er genomen Ab
Wurde gelegt in ein neües reines grab".

„Des Morgens Aber an dem heiligen ostertag
Er erstanden Aus seinem Grab".

„Fur Auff ober Alle Chor Der Himeln hoch
Bleibe doch bey uns Auff Erden noch".

„Am Pfingsten sendet er den heiligen geist
Der auf Alle götliche warheit weist."

Das letzte Abendmahl

Der Judaskuss („Judas Der ungetrewe Hundt …")

Kreuzabnahme Jesu

Christi Himmelfahrt: „… bleibe doch bey uns Auff Erden noch“

Auch das Gemälde rund um den Chorbogen soll von dem Meister „IBM“ stammen — es zeigt das Jüngste Gericht mit Jesus als Weltenrichter, der auf dem Regenbogen thront. In einer großartigen Szenerie wird diese Endzeit der Menschheit dargestellt, durchsetzt von vielen symbolhaften Figuren: den Posaunenengeln, Maria und Johannes als Fürbitter der Menschen, Moses mit den Gesetzestafeln, den Aposteln und Johannes dem Täufer. Petrus mit dem Himmelsschlüssel führt die Guten in das Paradies, während auf der anderen Seite flinke kleine Teufel die Bösen in den Schlund eines bedrohlich geöffneten Drachenmaules drängen.

Die Fresken des Kirchenchores sind weitaus bescheidener, weniger plakativ und farbig. In der unteren Bilderreihe werden Ereignisse aus dem Leben des Kirchenpatrons St. Martin wiedergegeben, darüber die vier Evangelisten und die vier Kirchenlehrer des Abendlandes. Neben der Figur des hl. Lukas findet man das Monogramm des Meisters „AH“ und die Jahreszahl „1589“; es handelt sich um den Nürnberger Maler Andreas Herneisen (1538-1610).

Der Ursprung der Martinskapelle konnte bislang nicht hinreichend geklärt werden. Vermutungen sprechen von einem romanischen Vorgängerbau des 12. oder 13. Jh. Weitere Mutmaßungen, die nicht mehr belegbar sind, nehmen an, dass eine Martinskapelle an diesem Ort schon zu karolingischer Zeit als Teil eines Königshofes bestanden haben muss. Um 1430 entstand die Kirche in ihrer heute sichtbaren spätgotischen Form. Bei den Renovierungsmaßnahmen des auslaufenden 16. und beginnenden 17. Jh., als die Kapelle als „bös verfallen Bauwerk“ bezeichnet wurde, waren auch die Künstler „AH“ und „IBM“ tätig, die die Kir-

Zwei Szenen aus der Leidensgeschichte in der biblia pauperum in St. Nikolai Marktbreit: die Fußwaschung der Apostel (oben) und Jesus am Ölberg (mit dem Signet des Malers Johann Völck 1777)

che so reich und fantasievoll gestalteten. Irgendwann in der langen Geschichte der Vergangenheit wurden sie überputzt, und erst 1904-1907 bei einer Innenrenovierung wieder entdeckt und freigelegt. Gott sei Dank — denn uns würde ein unvergesslicher Eindruck auf unserer Reise durch das unbekannte Franken fehlen!

Bevor wir die Martinskapelle wieder verlassen, sollten wir uns noch zwei Darstellungen des Kirchenpatrons zuwenden: einer spätgotischen Figur an der Südwand des Chores, die ihn als vornehm gekleideten Edelmann auf dem Pferd sitzend zeigt, zum anderen der Abbildung im Portaltympanon, zu dem wir uns noch einmal umwenden, wenn wir gehen:

St. Martin auf dem Pferd. Darstellung im Chorraum, Holzfigur, farbig gefasst, um 1500

St. Martin sitzt auf dem Pferd, zerteilt seinen Mantel für den Bettler, der klein und bedauernswert seitlich vor ihm auf dem Boden kniet. Darüber schwebt Christus in einer Wolke, die rechte Hand zum Segen erhoben, in der linken das Szepter. Die Kragsteine der Türöffnung sind als musizierende Engel ausgebildet, die den Türsturz tragen und ihre Flügel über den Stein bis in die profilierte Portalfase ausbreiten.

Eine gemalte biblische Geschichte, wie sie die Martinskapelle vorweisen kann, wird man in vergleichbarer Form wohl kaum ein zweites Mal finden können. Ähnlichkeiten allerdings gibt es schon, so dass wir zumindest auf die „biblia pauperum" in der evangelischen Stadtkirche St. Nikolai von Marktbreit hinweisen sollten, wo entlang der Empore Bilder des Alten und Neuen Testaments aufgereiht sind, die aus dem 17. und 18. Jh. stammen.

Das Portaltympanon der
Martinskapelle

Mittelalterliches Steinkreuz am Hüttenheimer „Tannenberg“, Lkr. Kitzingen; Hier sollen sich zwei Handwerksburschen im Streit erschlagen haben

Mord und Totschlag

Alte Steinkreuze und Gedenksteine erzählen

Wir begegnen ihnen immer wieder, und übersehen sie allzu oft: die schlichten Steinkreuze und Kreuzsteine am Wegesrand. Oft sind sie von dornigem Gestrüpp und wildem Gras überwuchert, versinken im Boden oder stehen an unwegsamen Stellen der Flur, vielleicht sogar versteckt in den Wäldern. Ihre äußere Erscheinung trägt dazu bei, dass sie gering geschätzt und als unbedeutend betrachtet werden — wenn man sie überhaupt bemerkt. Und doch hat jedes dieser unscheinbaren Denkmale, die in ganz Deutschland verbreitet, aber in Franken besonders häufig vertreten sind, eine eigentümliche, fast immer tragische und düstere Geschichte. Inschriften, Jahreszahlen oder Bildzeichen tragen sie nur selten und sind Jahrhunderte alt. Stumm stehen sie in der Landschaft, doch nur der wird sie zum Sprechen bringen, der sich aufmerksam mit ihnen beschäftigt.

Was bedeuten die alten Steinkreuze und Kreuzsteine? Im späten Mittelalter und bis hinein in die frühen Jahrzehnte der Neuzeit — also etwa vom 13. bis zum 16. Jh. — war es üblich, dort ein solches Mal aufzustellen, wo ein Mensch eines gewaltsamen Todes starb. Hatte jemand einen anderen in der Hitze des Streites getötet, dann gab es in jener Zeit für ihn die Möglichkeit, sich gütlich mit den Hinterbliebenen zu einigen und dadurch seine unbedachte Tat zu sühnen. „Sühneverträge“ in unseren Archiven berichten, welche Versprechen der Übeltäter in der Regel einzulösen hatte. Dazu zählten die Entrichtung eines Trostgeldes an die betroffene Familie, die Bestellung von Seelenmessen, das Versprechen zur Buße und der Teilnahme an Wallfahrten, die Stiftung von Kerzen für die Kirche, vor allem aber die Setzung eines Gedenksteines am Tatort. Auch vor der Öffentlichkeit hatte der Totschläger sich zu seiner Tat zu bekennen und man verlangte von ihm, mit einem Toten- oder Büßerhemd bekleidet barfuß vom Tatort zur Kirche und von dort zum Grab zu gehen, mit Kerzen in den Händen niederzuknien und laut vernehmbar alle um Verzeihung zu bitten.

Von fast allen Steinkreuzen unserer Heimat ist die Begebenheit, die zu ihrer Aufstellung führte, im Volksmund verhaftet und über viele Generationen weitergetragen worden. In zahlreichen Inventaren sammeln schon seit Jahrzehnten fleißige Heimatforscher diese Berichte, schreiben sie auf und kümmern sich zugleich um die Erhaltung und Standortsicherung der Steinkreuze. Sie sind in der „Deutschen Steinkreuzforschung“ vereinigt, die in Nürnberg ihren Sitz hat, und treffen sich zu regelmäßigen Tagungen, um ihre Nachforschungen fest zu halten und Erfahrungen auszutauschen.

Einige wenige Beispiele fränkischer Steinkreuze sollen uns von jener düsteren Zeit des Mittelalters erzählen:

Am Rande der holprigen Landstraße zwischen Rimbach und Lülsfeld im Steigerwaldvorland reckt sich ein mehr als anderthalb Meter hohes Steinkreuz aus der Böschung des Straßengrabens. Es trägt zahlreiche Schürfrillen und zeigt im Kreuzbund eine kreisrunde, löffelförmige Vertiefung, weshalb es im Volksmund „Löffelkreuz" genannt wird. Über sein Alter wissen wir nichts mehr; nur so viel ist überliefert:

Vor langer Zeit — wahrscheinlich um das Jahr 1450 — sei an diesem Ort ein Taubenhändler, der sich auf dem Heimweg vom Volkacher Markt befand, heimtückisch und aus habgierigen Motiven erschlagen worden. Er habe 25 Tauben in einem Kasten bei sich getragen und sei an dieser kleinen Anhöhe auf zwei Handwerksburschen getroffen. Weil sie hungrig waren, verlangten sie von ihm, er solle ein paar Tauben herausgeben, damit sie sie braten und verzehren könnten. Als er sich weigerte, erschlugen sie ihn und nahmen die Tauben an sich. Nur zwei flatterten ihnen davon. Nach der Mahlzeit gerieten die beiden Gesellen in Streit und erstachen sich gegenseitig mit ihren Messern. Der Fluch des ermordeten Taubenhändlers habe es bewirkt, dass die Seelen der beiden in die entflohenen zwei Tauben verwünscht wurden. Noch heute kehren diese immer wieder auf den Baum zurück, der hinter dem Löffelkreuz steht.

Einige Dörfer von Lülsfeld entfernt, unmittelbar an der Nordwestecke des Steigerwaldes, liegt das kleine Nest Falkenstein. Kaum ein anderer Ort in Franken hat so malerische Weinberge, durchsetzt mit alten Weinbergshäuschen! Auf der Suche nach geheimnisumwitterten Steinkreuzen schlagen wir den Weg nach Donnersdorf ein. Einen knappen Kilometer nördlich von Falkenstein stehen am linken Straßenrand, eng nebeneinander gesetzt, drei Kreuzsteine und zwei Steinkreuze in einem eigentümlichen „Steinkreuznest". Im Volksmund werden sie „Die fünf Musikanten" genannt, und die Erzählung über ihre Entstehung ist unverrückbar in der Überlieferung verankert:

Einst hätten in Falkenstein sieben Musikanten zum Kirchweihtanz aufgespielt und dabei auch selbst dem Steigerwälder Wein reichlich zugesprochen. Auf dem Heimweg gab ein Wort das andere, aus Neckerei und spöttischem Wortwechsel wurde Streit, sie schlugen aufeinander ein und fünf von ihnen kamen zu Tode. Der sechste Musikant habe sich noch ein Stück des Weges weitergeschleppt, ehe auch er, unweit von Donnersdorf, seinen Verletzungen erlag. Dort, wo er starb, steht ein weiterer Kreuzstein. Der Siebte der Männer habe die Schreckensnacht überlebt. 1840 sollen beim Umgraben des Ackers zwei Totenschädel und menschliche Gebeine gefunden worden sein.

Die fünf Steinmale tragen keine Inschriften, keine Jahreszahlen, keine Bilder und verbergen ihre rätselhafte, düstere Geschichte in sich. In der volkskundlichen Forschung hat man bislang kei-

Das „Löffelkreuz" von Lülsfeld,
Lkr. Schweinfurt

Die fünf „Musikantensteine“ in der Nähe von Falkenstein, Lkr. Schweinfurt

eine raue und einsame Landschaft! — stehen vier mehr als einen Meter hohe, dicke Kreuzsteine von archaischem Alter. Schräg geneigt und gebeugt wurzeln sie in der Erde am Waldrand. Die Kreuzessymbole sind ganz unterschiedlich aufgebracht — er-

ne schlüssige Lösung gefunden, man nimmt jedoch an, dass sie sich vor undenklichen Zeiten an verschiedenen Stellen der Flur befunden haben und bei einer Besitzbereinigung hierher versetzt und nebeneinander gestellt wurden.

Das hohe Alter der Steinkreuze und Kreuzsteine — vierhundert, fünfhundert und noch mehr Jahre — und die Verwischung, Verunschärfung der Tradition haben dazu geführt, dass sich die wirklichen Ereignisse ins Dämmerlicht der Ungewissheit verflüchtigen, sich abstrahieren und dann auf überraschende Weise mit anderen, weit entfernten Denkmalen dieser Art vergleichen lassen. So zeigt die Geschichte eines Kreuzsteinnestes in Oberfranken frappierende Ähnlichkeit mit den Falkensteiner „Musikanten“:

Nordwestlich von Wüstenbuchau im Landkreis Kulmbach, nahe der Verbindungsstraße zwischen Motschenbach und Dörfles — was für

Bild S. 37:
Die „Handwerksburschensteine“ von Wüstenbuchau, Lkr. Kulmbach

Das „versinkende Steinkreuz“ am Ortsrand von Euerfeld, Lkr. Kitzingen

haben oder geritzt. Man erkennt Handwerkssymbole: Schere, Rebmesser und Schustermesser. Der rechte Kreuzstein trägt die Jahreszahl „1665“, doch ist sie zweifellos in späterer Zeit eingemeißelt worden. Wegen der Bildsymbole nennt man sie die „Handwerksburschensteine“ und berichtet, hier hätten sich vier (vielleicht auch fünf) Handwerksburschen auf der Rückkehr von der Kirchweih in Buchau befunden, um nach Hause in das im Tal gelegene Städtchen Weismain zu wandern. An dieser Stelle gerieten sie in Streit und brachten sich gegenseitig zu Tode. Der fünfte Handwerker habe sich retten und noch ein Stück gehen können, ehe er am Geutenreuther Berg, nicht mehr allzu weit von Weismain entfernt, niedersank und starb; ein Steinkreuz berichte noch heute von diesem Ort.

Weil in alten Flurkarten an der Stelle der Handwerksburschensteine lediglich die Bezeichnung „Beim Kreuzstein“ eingetragen ist, nimmt man an — ähnlich wie in Falkenstein — dass die vier Kreuzsteine bei einer lange zurückliegenden Flurbereinigung hierher zusammengetragen wurden. Andere Vermutungen sprechen davon, es handle sich um alte Grenzsteine zwischen den Territorien des bischöflich-bambergischen Amtes Weismain und der Herren von Giech, oder es seien Gedenksteine der alten Buchauer Centgerechtigkeit, weil hier, an dieser Stelle, Mörder und Selbstmörder an den Bambergischen Centrichter ausgeliefert werden mussten.

Von ganz anderer Art ist ein Steinkreuz am westlichen Ortsrand von Euerfeld im Lkr. Kitzingen. Es steckt bis an die Kreuzarme im Boden. „Das versunkene Steinkreuz“, wie es die Einheimischen nennen, soll der Überlieferung nach davon berichten, dass hier einem Mann, der ein Akkergerät gestohlen habe, der Kopf abgepflügt worden sei. In unseren Ohren klingt eine solche Erzählung barbarisch, unvorstellbar, ja sogar unwahrscheinlich. Hat sich da nicht im Laufe von Jahrhunderten eine Sage gebildet, die den Maßstab der Realität völlig verloren hat?

Wer in alten fränkischen Dorfordnungen gelesen hat, weiß um die Wichtigkeit all jener Regeln, die den Nahrungserwerb durch Acker- und Weinbau festlegten. Gegen jeglichen Missbrauch reagierte die Dorfgemeinschaft außerordentlich sensibel und mit ungewöhnlicher Härte. Die Abgaben an Zehnten und Zinsen waren schwer genug, die Unstetigkeit des Wetters kam hinzu, so dass alles, was mit landwirtschaftlichen Dingen und der Sicherung der eigenen Existenz zu tun hatte, von vorrangigster Bedeutung war. Es ist deshalb keineswegs unwahrscheinlich, dass der Bericht über das versunkene Steinkreuz auf einem tatsächlichen Ereignis beruht.

Besonders verwerflich war der Versuch, sich durch heimliches Versetzen von Grenzsteinen mehr Fläche und ungerechten Vorteil zu verschaffen. Gerichtsakten im Würzburger Staatsarchiv berichten von einem Fall des Jahres 1580, als man in Dürrfeld bei Gerolzhofen einen solchen

Grenzfrevler ertappte. Das damals gesprochene, grausame Urteil lässt die Geschichte vom versinkenden Euerfelder Steinkreuz in gefestigtem Licht erscheinen, denn der Richter bestimmte, dass man den Täter *„anstatt des Marksteins in dieselbe Stelle der Erde grabe, mit dem Pflug vor und zu ihm fahre, bis er vom Leben zum Tod gebracht werde …“.*

Steinkreuze berichten immer — das haben die hier beschriebenen Beispiele gezeigt — von schrecklichen und düsteren Ereignissen aus alter Zeit. Besonders grausam aber ist die Begebenheit, die man sich von zwei Steinkreuzen in der Nähe von Lehenthal berichtet, einem kleinen Dorf nördlich von Kulmbach:

Auf dem Hummenberg oberhalb des Ortes stehen in der Böschung eines Feldweges ein kleines und ein größeres Sandsteinkreuz. Dieses hat eine eingeschürfte Vertiefung, das „Seelenloch“, wie die volkstümliche Bezeichnung sagt. Was ist hier einst geschehen?

Vor langer Zeit habe an dieser Stelle ein Schäfer seinen Schäferwagen abgestellt und seine Herde gehütet. Ein vorbeikommender Metzger bot dem Hirten an, einige Schafe zu kaufen. Als sie sich nicht handelseinig wurden, kam es zu einer heftigen Schlägerei, bei der der Metzger den Kürzeren zog. Am Abend sei er dennoch zurückgekommen, mit dem Vorwand, dem Schäfer den verlangten Preis zu bezahlen. Als dieser aus dem Wagen stieg, habe der Metzger ein scharfes Messer gezogen und den Schäfer ohne Vorwarnung erstochen. Als er nun versuchte, sich aus dem Pferch Schafe zu holen, hätten ihn die Hunde des Schäfers angefallen und zerfleischt. Zum Gedächtnis an die Untat sollen die Lehenthaler die beiden Steinkreuze gesetzt haben — das kleinere für den Mörder, das größere für den Erstochenen.

Ein paar Kilometer westlich dieses unseligen Ortes, nordöstlich von Schimmendorf inmitten der Flur kreuzten sich vor langer Zeit vier Altstraßen. An dieser markanten Stelle erhebt sich eine in ihrer Art unvergleichbare Sandsteinplatte. Sie ist rund 1 m hoch und zeigt das erhabene Bild eines gegürteten Mannes mit kurzem Rock und angewinkelt erhobenen Armen. Mehrere Bezeichnungen sind für dieses überaus eigentümliche Denkmal bekannt: „Samuelstein“, „Samelstein“, „Schimmenstein“, „Schemelstein“ u.a. Der Sage nach wurde hier der jüdische Viehhändler Samuel aus Burgkunstadt von seinem Knecht erschlagen, als sie sich auf dem Heimweg von Stadtsteinach befanden.

Die merkwürdige Darstellung dieses Flurdenkmals gibt große Rätsel auf — und nicht nur in unseren Tagen. Seine Besonderheit kommt auch dadurch zum Ausdruck, dass es in alten Grenzbeschreibungen immer wieder erwähnt wird, z.B. im 16. Jh., als man es im Bamberger Gerichtsbuch folgendermaßen beschrieb: *„… ein Leichstein, darein ein Mannsbild gehieben …“.* Eine letztendlich schlüssige Deutung wird wohl nie mehr möglich sein — wieder ein Geheimnis, das wir nicht aufhellen oder gar erklären können.

Eines der beiden Mordkreuze
von Lehenthal, Lkr. Kulmbach

Gemäß dem mittelhochdeutschen Sprachgebrauch und angesichts der Tatsache, dass der Stein an einer uralten Wegekreuzung steht, könnte „Samelstein" durchaus „Sammelstein" bedeuten und einen Punkt in der Landschaft bezeichnen, an dem sich wichtige Verbindungen vereinigen. Merkwürdig ist zudem die Tatsache, dass es im südthüringischen Saalfeld einen spätgotischen Kreuzstein gibt, der ebenfalls den Namen „Sammelstein" trägt und Bündelungsmitte von Altstraßen ist …

Die Gepflogenheit, durch das Setzen von Steinkreuzen und Kreuzsteinen an Verbrechen zu erinnern und das Gedächtnis an die Untat für lange Zeit zu dokumentieren, hat sich weit über das Mittelalter hinaus erhalten. Im Wald nahe der Einöde Hohe Häuser im Lkr. Hof stoßen wir auf eine schlichte Granitsäule mit dem Text: „Hier wurde ermordet Jungfrau M. Wolfrum von Hohenhäuser am 14.9.1894. Durch den Mörder Künzel von Schwarzenbach a.d. Saale". Hinter diesen dürftigen Worten verbirgt sich ein verwikkelter Kriminalfall, der in unseren Tagen dazu ausgereicht hätte, ihn zu verfilmen. Dank akribischer archivalischer Nachforschungen wissen wir sehr genau, was damals passierte:

Am 14. September 1894 war die neunzehnjährige Margarete Wolfrum von der Beerensuche im Wald nicht mehr nach Hause zurückgekehrt. Aufregung und Sorge der Angehörigen waren groß — und so machten sie sich noch am Abend auf die Suche nach ihr, bis die Dunkelheit hereinbrach. Am nächsten Morgen beteiligten sich auch die Gendarmen der Station Rehau an der Suche, die dann auch erfolgreich war: man fand das getötete Mädchen im „Nonnenwald". Es war durch vierzehn Messerstiche umgekommen, und wie tiefe Schnittwunden an ihren Händen zeigten, musste sie sich heftig gegen ihren Vergewaltiger und Mörder gewehrt haben — vergeblich. Die Empörung in der Bevölkerung war groß, fieberhafte Ermittlungen nach dem Täter begannen.

Die Gendarmen führten zahlreiche Verhöre, doch verliefen ihre Ermittlungen zunächst ergebnislos. Eine Zeit lang geriet der Jagdpächter des Waldgebietes in dringenden Tatverdacht — ein Fabrikant aus Schwarzenbach — weil er sich zur Zeit des Mordes im Wald aufgehalten hatte. Der Verdacht verstärkte sich noch, als ein junger Taglöhner aus Martinlamitz angab, er habe an jenem Tag Pilze im Wald gesucht, dabei laute Hilferufe und sogar Schüsse gehört. Zwei Polizeibeamten aber, die dem Fabrikanten nahe standen und an seine immer wieder beteuerte Unschuld glaubten, kamen Person und Aussage des Taglöhners verdächtig vor. In den folgenden vier Wochen beobachteten sie sein Tun und Treiben, so gut es ging, ohne aber einen Hinweis auf seine Täterschaft zu bekommen.

Doch dann kam ihnen ein unverhoffter Zufall zu Hilfe: der junge Mann geriet in eine Wirtshausschlägerei, war zwar nicht schuldhaft beteiligt, konnte nun aber als Zeuge vorgeladen werden. Inzwischen hatten die Gendarmen in Erfahrung gebracht, dass der Bursche verbotenerweise ein feststehendes Messer bei sich gehabt hatte. Als er sich beim Verhör sehr linkisch und unsicher gab, sprachen ihnen die Beamten unvermittelt auf den Mord an Margarete Wolfrum an. Der junge Mann war so überrascht, dass er die Tat zugab und ein volles Geständnis ablegte.

Am 11. März 1895 wurde Christian Künzel aus Martinlamitz vom Schwurgericht Bayreuth zu 15 Jahren Zuchthaus verurteilt und auf der Plassenburg Kulmbach eingelocht. Er starb dort bereits im darauf folgenden Jahr, im Dezember 1896. Das Verfahren gegen den Fabrikanten wurde eingestellt, die beiden Gendarmen erhielten hohe Auszeichnungen. Die Angehörigen aber ließen an der Mordstelle jenen Gedenkstein aufrichten, der an die grausame Tat erinnert, die beinahe mit einem Justizirrtum geendet hätte …

Der „Mordstein" der Margarete Wolfrum nahe der Einöde Hohehäuser, Lkr. Hof (Foto: H. Bucka)

links:
Der „Schamelstein" nahe Schimmendorf im Lkr. Kulmbach

Gott zu Ehren?

Merkwürdige Bildstöcke

Bildstöcke und Flurdenkmäler sind ein wesentlicher Bestandteil der fränkischen Kulturlandschaft. Zu Recht hat sie einmal ein Autor die „Marksteine Frankens“ genannt, denn sie begleiten die Ackerraine in der Flur, stehen an Wegegabelungen und Ortsrändern oder lehnen an den Hauswänden in vielen unserer Dörfer und Städte.

Meist war es die Verehrung für Gott, die Muttergottes oder einen Heiligen, die zur Setzung eines Bildstocks führte. Die Inschriften berichten uns aber auch, dass fromme Stifter für ihr Seelenheil vorsorgen wollten, indem sie den Vorübergehenden um ein Gebetsgedenken baten. Oft wurden Bildstöcke aus Dankbarkeit gesetzt, um sich für die Rettung aus Not, Gefahr oder Krankheit erkenntlich zu zeigen. Auch die Wallfahrten haben zur Aufstellung vieler Denkmäler geführt, die sich dann meist an den alten Pilgerpfaden aufreihen und das Gnadenbild des Wallfahrtsortes zeigen.

Franken ist überaus reich an solch schönen Kleindenkmälern. Ihre kunsthistorische und volkskundliche Vielfalt ist in den mainfränkischen Landen besonders groß und bemerkenswert. Sie reicht vom strengen gotischen Bildstock über die Formenfreude des 18. Jh. bis hin zum modernen Flurdenkmal unserer Tage. Es gibt wohl kaum ein

Barocker Bildstock in der stilistischen Formensprache des oberfränkischen Raumes (Motschenbach, Lkr. Kulmbach, 1711)

Detail der fränkischen Kulturlandschaft, das so charakteristisch und so viel sagend ist und eine Fülle von Nachrichten über die alte Zeit, ihre Menschen und deren Ängste und Wünsche enthält.

Aus der übergroßen Fülle an Bildstöcken wählen wir auf unserem Weg zu geheimnisvollen Orten unserer Heimat ganz besondere Beispiele aus, die in ihrer Art einmalig sind und uns merkwürdige Dinge erzählen:

Im September 1720 machten sich der Forchheimer Bürgermeister Georg Christoph Sondinger und sein Freund Johann Valentin Moser aus Bamberg, zusammen mit ihren Ehefrauen auf den Weg, um zur gnadenreichen Muttergottes von Dettelbach bei Würzburg zu pilgern. Von dieser Wallfahrt aber kehrte nur die Frau des Johann Valentin Moser nach Forchheim zurück, wo sie vor dem dortigen Gericht heftige Vorwürfe gegen den Bürgermeister erhob und allen Ernstes behauptete, er habe ihren Mann — als sie auf dem Rückweg von Dettelbach waren — mit dessen eigener Pistole erschossen. Der Mord sei in der Nähe von Dimbach passiert, einem kleinen Dorf südlich von Volkach. Wir können uns vorstellen, wie groß die Aufregung in der Stadt gewesen sein muss, als sich diese Nachricht verbreitete. Dies umso mehr, als Sondinger und seine Frau sich nach Neuhaus bei Höchstadt a.d. Aisch abgesetzt hatten, das zwar nicht weit entfernt von Forchheim lag, jedoch außerhalb des Machtzugriffs des einheimischen Gerichts war. Mit seiner Flucht machte sich der Bürgermeister in höchstem Maße verdächtig, und es gab deshalb kaum jemanden, der seine Schuld bezweifelte.

Ein halbes Jahr später, im März 1721 allerdings stellte sich Sondinger den fürstbischöflichen Beamten und ließ sich vernehmen. Am 24.3. kam es zu einer Gerichtsverhandlung, bei der auch mehrere Zeugen gehört wurden, die ebenfalls auf dem Pilgerweg bei Dimbach unterwegs gewesen waren. Das Urteil war eine große Überraschung, denn das Gericht sprach Sondinger frei, *„da doch bei dessen vollführter Inquisition und darbei eidlich abgehörten vielen Zeugen sich endlich hervorgetan, dass er an dem erfolgten Tod Mosers keine Schuld gehabt und anhero gänzlich absolviert worden ist"*. Es muss sich also weder um Mord oder Totschlag, sondern um einen Unglücksfall gehandelt haben. Sondinger wurde wieder in alle seine Ämter eingesetzt und vollkommen rehabilitiert.

Doch damit war jene unselige Geschichte nicht zu Ende. Die Witwe des Johann Valentin Moser war über das Urteil über alle Maßen empört. Sie ließ nicht in ihren Bemühungen nach, den Bürgermeister zu beschuldigen und Schadenersatzansprüche an ihn zu stellen. Um ihren Forderungen Nachdruck zu verleihen, griff sie zu einem ungewöhnlichen Mittel: sie ließ am Ortsrand von Dimbach einen mächtigen, sehr aufwändig gestalteten Bildstock errichten und mit Inschriften und Bildern versehen, die den Mord an ihrem

Mann belegen und für alle Zeiten der Nachwelt überliefern sollten.

Gäbe es die Gerichtsakten des Jahres 1721 im Bamberger Staatsarchiv nicht, dann würden wir beim Betrachten des Bildstocks an die Tatsache des Mordes glauben, denn seine Aussagen — er steht heute vor der Dimbacher Wallfahrtskirche „Maria de rosario" — sind eindeutig:

Im tischförmigen Sockel des über 4 m hohen „Mordbildstocks" steht der Text: *„Den 12. Septh. 1720 Abends zwischen 6*

Der „Mordbildstock" von Dimbach, Lkr. Kitzingen

und 7 Uhr wurde der Lieutenant zu Bamberg Johann Valentin Moser, gebürtig aus Zeil von seinem Freund Christoph Sondinger, Bürgermeister aus Forchheim hier erschossen, bei ihrer Rückkehr von der Wallfahrt Dettelbach. Du Wanderer bet' für ihn!" Die darüber befindlichen Sandsteinreliefs erzählen die Geschichte so, wie sie die Witwe gerne überliefern wollte: seitlich links sieht man die beiden Männer vor dem Dettelbacher Gnadenbild beten, die Vorderseite zeigt Sondinger zu Pferd, die Pistole auf seinen Freund gerichtet, auf der rechten Seite wird der Verwundete auf einer Bahre weggetragen, auf der Rückwand ist Moser im Sterbebett dargestellt, umringt von trauernden Angehörigen, rechts im Zimmer sitzen die Gerichtspersonen am Tisch und protokollieren den Mordfall. Das gesamte Denkmal — bekrönt von der Dettelbacher Pietà — ist reich dekoriert. Ein überaus eigentümlicher Bildstock also, eine in Stein gehauene Verleumdung und üble Nachrede, und keineswegs „Gott zu Ehren" gesetzt!

Ein spätgotischer Bildstock in der Wenzelstraße von Würzburg-Heidingsfeld ist von ganz anderer Art, aus völlig anderen Motiven entstanden und der Setzung der mittelalterlichen Steinkreuze zu vergleichen — er verdient hier unsere besondere Erwähnung. Die Bildtafel mit ihrem dreieckigen Dach, immerhin mehr als einen Meter hoch, zeigt die Kreuzigungsszene mit Maria und Johannes und hinter der Muttergottes zwei Frauengestalten. Zwei Engel schweben unterhalb der Kreuzarme und fangen das Blut Jesu auf, ein dritter sitzt zu Füßen des Kreuzes. Im oberen Teil der vierkantigen Säule ist ein Flachrelief des hl. Laurentius mit dem Rost zu sehen. Darunter ist ein Mann dargestellt, der ein Schriftband trägt mit dem Text: „miserere mei deus". Im unteren Bereich der Säule ist ein langer Text eingraviert; der Steinmetz hat sich Zeilen gezogen, um die Buchstaben größengerecht unterzubringen, doch wurde ihm der Platz offensichtlich so knapp, dass er diese Gliederung zum Ende des Textes hin aufgibt, enger schreibt und keine Hilfslinien mehr verwendet.

Der Text enthüllt eine düstere Mordgeschichte, denn er lautet wörtlich: *„cuncz rudiger hot hannsen virenkoren der stochen und das ist Geschehen Do man zählt von krist gepurt MCCCC vnd XXVIII ior uff unsers hern auffer tag dornoch ist die besserung geschehen. In dem firden ior am nehsten suntag noch obersten.*" Die Übertragung dieses stilistisch holprigen und ortografisch verformten Textes in unseren heutigen Sprachgebrauch sagt aus: der Bürger Kunz Rudiger hatte im Jahre 1428 den Hans Virnkorn durch Totschlag seines Lebens beraubt; durch das Sühnegericht und die von ihm ausgesprochenen Auflagen für den Täter konnte die Feindschaft zwischen der Angehörigen bereinigt werden. Weil die Gerichtsprotokolle aus dem Jahre 1432, vier Jahre nach der Tat, im Heidingsfelder Gerichtsbuch überliefert sind, wissen wir um die Verordnungen, die über Kunz Rudiger verhängt wurden: er hatte *„in eyner jars frist"* ein Steinkreuz zu stiften *„mit bildern vnd mit umbschriften"* und am Tatort aufzustellen — damit ist der beschriebene Bildstock gemeint — 20 Pfund Wachs zum kommenden Osterfest in die Kirche zu stiften, drei Sühnewallfahrten nach Aachen, Einsiedeln und Santiago de Compostela zu tun und durch finanzielle Entschädigungen über mehrere Jahre hinweg die Beschwernis der Familie des Opfers zu lindern bzw. bei der Versorgung der Kinder des Getöteten mithelfen. Würde er diese Auflagen gewissenhaft erfüllen, solle — so der Wille des Sühnegerichts — der Totschlag gesühnt sein *„vnd sullen darauff beyde seyten gantz und gruntlichen vericht seyn gegen eynander von der sache wegen vnd gute frewnde sein, vnd die sache furbaß nymermer tzu rechen noch zu eyfern ..."*.

Ohne Zweifel: dieser Bildstock ist ein Dokument alter Gerichtsbarkeit von einzigartiger Bedeutung. Wie viele Heidingsfelder ihn kennen und betrachten? Es mögen wenige sein, und der flüchtige Passant, der an dieser ungemein verkehrsreichen Straße geht oder fährt, wird ihn mit großer Wahrscheinlichkeit übersehen.

Ein ähnliches Schicksal ist jenem Bildstock beschieden, der als nächstes Beispiel zu beschreiben ist:

Auf einer Anhöhe westlich von Dettelbach, an der alten Würzburger Landstraße, steht die sagenumwobene „Sieben-Köpfe-Marter", im Volksmund auch „Sieben-Bauern-Marter" genannt. Man erzählt sich, hier seien 1525 nach der Niederschlagung des Bauernaufstands sieben Rädelsführer enthauptet worden. Sage oder geschichtliche Wahrheit?

Der Bildstock, von strenger spätgotischer Formensprache, zeigt vorne die Kreuzigungsszene, stadtwärts den hl. Stephan, feldwärts die hl. Felicitas und auf der Rückseite den Text: *„Sant Steffans und Felicitas Beder closter Gerech-*

Die gotische Sühnemarter von 1432 in Heidingsfeld/Stadt Würzburg

tigkeyt wird hie durch disen Schiedstein ziehen“. Nachforschungen im Staatsarchiv Würzburg bringen uns die Erkenntnis, dass dieser Bildstock kein Mahnmal an den Bauernkrieg oder eine Hinrichtungsstätte ist, sondern einst ein Grenzstein zwischen Zehntansprüchen der Klöster St. Stephan in Würzburg und des Klosters Münsterschwarzach war — seine Patronin ist die hl. Felicitas — denn in einer Urkunde von 1486 lesen wir (20. Oktober): *„… auf das hinfür gute nachparschafft und freundschafft zwischen beden clostern bestendig bleibe, soll an der Wirtzburger stroß do dann auch ein steinern Marterbilde aufgesetzt werden …“.* Der Name „Sieben-Köpfe-Marter“ rührt von dem Bild der hl. Felicitas, die die sieben Köpfe ihrer Martyrerkinder auf dem Schwerte zeigt.

Und dennoch hat die Sage von den sieben Bauern einen wahren Kern! In der Würzburger Chronik des Lorenz Fries lesen wir, dass wirklich sieben Dettelbacher Aufrührer hingerichtet wurden — allerdings nicht an der Stelle des Bildstocks: *„… vor dem Rathaus sind mit dem Schwert gerichtet: Philip Vincentz, ein Beck, Oswalt Heim (dieser sagt, als er niederknien sollt: Nu müsse es Gott erbarmen, das ich sterben solle, so ich mir mein Lebtag nit einmal Brots genug gegessen hab), Hanns Vogel, ein Häkkersmann, Hans Domer, ein Büttner, Sebastian Schram, ein Häkker. Sixtus Schleubig, der Stadthauptmann und Contz Zimmerman, Fähnrich, diese zween sind zu Wirtzburg mit andern vor unserer Frauen capellen enthauptet worden“.*

Tragische Szenen zeigen die „Unfallbildstökke“, die von Todesfällen berichten, die an dieser Stelle geschehen sind. So ist z.B. auf einem wunderschönen Rokokobildstock in Binsfeld, Lkr. Main-Spessart, am Ortsausgang nach Thüngen, ein Unfall dargestellt, bei dem eine Frau unter ein mit Reisigbündeln hoch beladenes Fuhrwerk gerät. Die Inschrift erzählt uns Genaueres: *„Gott und der Schmertzhafften Mutter Gottes wie auch seinen H. zu Ehren hat diese Bildnus auffsetzen lassen die Ehr u. Tugendsame Jungfr. Margaretha Glantzin Zue getächdnis ihrer Schwester Maria*

Die „Sieben-Köpfe-Marter“ von Dettelbach, Lkr. Kitzingen

Barbara welge Ao 1758 d. 3. Junii in den 50. Jahr ihres Allters als ein Jungfr. durch einen Vnglückligen umfall des wagen Allhier Tods verblichen".

Oberhalb von Abtswind im Lkr. Kitzingen, in der Nähe der Abzweigung zum Friedrichsberg, wo die Straße in engen Windungen vom Steigerwaldrand hinunter ins Tal fällt, steht in der Grabenböschung ein ähnliches Denkmal. Es zeigt unter einem dreieckigen Satteldach die Unfallszene: ein Mann liegt unter einem scheuenden Pferdegespann, das ein schwer beladenes Langholzfuhrwerk zieht. Die Inschrift im Pfeiler lautet: „*Hier verunglückte und starb unser lieber Vater Josef Berthold, Fuhrmann und Ökonom von Kirchschönbach am 14. Juni 1916 im Alter von 45 Jahren. Möge jeder Wanderer hier stille stehen und seiner im Gebete gedenken. Gewidmet von den unglücklichen Kindern*". Offenkundig war das Fuhrwerk an dieser steilen Stelle außer Kontrolle geraten, hatte den Fuhrmann überrollt und zu Tode gebracht.

„*Im Alter von 51 Jahren, 3 Monaten und 9 Tagen*" verstarb Johann Dotterweich aus Geesdorf. Ein Gedenkstein in Form eines Obelisken im Wald zwischen Siegendorf und Schöneich im Lkr. Schweinfurt zeigt ihn als Holzfäller, wie er von einem Baum erschlagen wird. Seine Nachkommen ließen ihm den tröstlichen Spruch auf den Bildstock meißeln: „*O Freund du hast nun ausgelitten alles Leid im Heimatthal, und den letzten Kampf bestritten, als dich traf des Todes Strahl. Schlafe nun in sanfter Ruh, nach getaner Pflicht, wer gerecht gelebt wie du, stirbt auch im Tode nicht*".

Bemerkenswert ist die Tatsache, dass die alte Gewohnheit zur Setzung eines Unfallbildstocks in jüngster Zeit eine starke Wiederbelebung erfährt. Immer wieder begegnen wir deshalb an viel befahrenen Straßen oder Unfallschwerpunkten blumengeschmückten Holzkreuzen, die an den traurigen Tod eines Menschen erinnern. Die Straßenbaubehörden sehen diese Mahnmale sehr ungern und mit größtem Widerwillen, werden doch dadurch ihre Mäharbeiten in den Straßenböschungen behindert. Mit dem fadenscheinigen Vorwand, solche Gedenkkreuze gefährdeten die Verkehrssicherheit, versucht man rasch wieder für saubere Verhältnisse zu

Binsfeld, Lkr. Main-Spessart: Unfallbildstock (1758)

Unfallbildstock (1916) am
Friedrichsberg im Steigerwald

Unfallbildstock
nahe Schönaich,
Lkr. Schweinfurt

Der „Weinlesebildstock“ von Fahr am Main, Lkr. Kitzingen (1626) ist ein Renaissancedenkmal in stilistisch bemerkenswerter Ausführung. Wesentlich höher ist allerdings sein volkskundlicher Aussagewert einzuschätzen.

sorgen. Doch ist zu bedenken: gefährdet nicht auch jeder historische Bildstock, jeder Baum, ja vor allem jedes Verkehrsschild in gleicher Weise die Sicherheit?

Im Südosten von Weismain im Lkr. Lichtenfels steht am Eingang zum Bärental eine barocke Marter, in der für Oberfranken typischen Formensprache, im Volksmund die „Drei-Brüder-Marter“ genannt. Die Westseite der Bildtafel enthält einen eng geschriebenen, schwer zu lesenden Bericht; er gibt uns an, dass sich an dieser Stelle am 3. Juni 1694 die drei Brüder Johann, Nikolaus und Pankraz Hopfenmüller nach langer Trennung und Abwesenheit von der Heimat glücklich wieder in die Arme schließen konnten. Der schwierige, sprachlich holprige Text klärt den Grund des Zusammentreffens nicht endgültig auf, lässt aber die Vermutung zu, dass Johann Hopfenmüller

PONCRATIVS

wohlbehalten aus der Schlacht gegen die Türken bei Wien im Jahre 1683 zurückkehrte und hier seine beiden Brüder traf, die Steuerbeamten des Bamberger Fürstbischofs waren. Die Familie Hopfenmüller wohnte allem Anschein nach in der benachbarten Mühle im Krassachtal. Die beiden anderen Bildseiten zeigen die Namenspatrone der Brüder, St. Pankratius und St. Nikolaus. Der Sockel des Bildstocks ist mit verschmitzt lächelnden Engelsköpfen herrlich dekoriert.

Die beschriebenen Beispiele zeigen uns, dass Menschen in alter Zeit Bildstöcke keineswegs immer „Gott zu Ehren“, sondern durchaus zu eigenem Nutzen, für das Seelenheil oder als Erinnerungsmale gesetzt haben. Es standen also häufig sehr persönliche, überaus menschliche, manchmal sogar rechtlich wirksame Motive im Vordergrund.

In dieser Reihe ausgefallener Bildstöcke nimmt jenes Renaissancedenkmal auf halbem Wege zwischen Volkach und Fahr am Main im Maindreieck eine besondere Stellung ein. Es erzählt uns eine kleine Leidensgeschichte der Winzer und Bauern des Jahres 1626 in einer rührend-holprigen Sprache:

„DEN 14. SEPTEMBER 1626 IAHRS IST VFGERICHT WORDEN DIS MARTERBILT/ ZWAR EBEN IN DISEM IAHR HAT GENOMEN SCHADEN BERG VND TAL AN WEIN VND KORN IM FRANCKENLAND VBERAL DVRCH FROST VND KELT IN DER PFINGSTWOCHEN ... GROSE THEVERVNG VND HVNGERS NOT SO GEWESEN IST DIE HAT ERFAHREN EIN IEDER FROME CHRIST.“ Gestiftet wurde dieser Bildstock als Erinnerung und Mahnung an eine Notzeit von „CHRIDOFEL SCHIMEL VND DOROTEA MEIN HAVSFRAVW“, sie haben „ZVM GETEGTNVS DISEN PILSTOG AVF LASEN RICHTEN“. Als Assistenzfiguren haben die Stifter auf den Seitenflächen der Bildtafel ihre Namenspatrone darstellen lassen; die Vorderseite zeigt eine Kreuzigungsszene. Die Rückseite wird ganz von dem ungewöhnlich umfangreichen Text eingenommen, der ein Dokument der fränkischen Weinbaugeschichte ist. Die Tatsache, dass Menschen zur Erinnerung an eine außergewöhnliche Notzeit einen Bildstock setzen lassen, beweist zum einen die Angst vor einem weiteren Schicksalsschlag — durch die fromme Stiftung sollte Gott milde gestimmt werden — zum anderen die große Abhängigkeit der Menschen von den Launen und Unberechenbarkeiten der Natur.

Weismain, Lkr. Lichtenfels:
„Drei-Brüder-Marter“ (1694)

Unerwünschte Hilfe

Eine seltsame Wundertat im Jahre 1602

Dettelbach, die von den Würzburger Fürstbischöfen Rudolf v. Scherenberg und Julius Echter geprägte Weinstadt am Main, ist vor allem und in besonderem Maße durch seine Marien-Wallfahrt bekannt geworden. Die Wallfahrt zur „Muttergottes im Sand" hat seit ihrer Entstehung im Jahre 1506 eine lange und bewegte Tradition. Tausende und Abertausende von frommen Pilgern kamen und kommen noch heute nach Dettelbach, um vor dem Gnadenbild der Pietà eine ersehnte Wundertat zu erflehen oder um sich für erfahrene Hilfe zu bedanken. Im Laufe von nahezu fünf Jahrhunderten wurden größere und kleinere Gebetserhörungen verzeichnet, die auch immer wieder von Chronisten gesammelt und aufgezeichnet wurden.

Wallfahrtskirche „Maria im Sand“,
Dettelbach, Lkr. Kitzingen

Der erste Geschichtsschreiber dieser Art war der Abt des Würzburger Schottenklosters Johannes Tritemius, der wegen eines chronischen Halsleidens selbst die Hilfe der Dettelbacher Muttergottes anrief und Heilung erfuhr. Aus Dankbarkeit, und überwältigt von der Gläubigkeit der zahlreichen Wallfahrer, schrieb er 1511 die 60 bis dahin überlieferten Wundertaten der frühesten Wallfahrtsgeschichte auf.

Ein knappes Jahrhundert später war es Eucharius Sang, der Weihbischof Julius Echters, der seine „Mirakelberichte“ („miraculum“ — lat. = Wunder) verfasste. Nach seinen Aufzeichnungen fertigte um 1660 ein Maler 25 Votivbilder an, die in Bild und holprigem Text über geschehene Wunder erzählen und noch heute in der Wallfahrtskirche zu sehen sind; Vermutungen, diese Mirakelbilder könnten von dem aus Königshofen im Grabfeld stammenden und eine Zeit lang in Dettelbach lebenden Künstler Georg Haydt stammen, konnten bislang nicht schlüssig nachgewiesen werden.

Als im Jahre 1987 im Zuge der Innenrenovierung der Kirche auch die Mirakelbilder in die Hände des Restaurators gelangten, um sie in frischem Glanz erstrahlen zu lassen, erlebte er eine unerwartete Überraschung: unter der Leinwand eines Votivbildes entdeckte er plötzlich ein zweites Gemälde! Wie konnte das geschehen? Warum verbarg man die Dar-

stellung einer Wundertat unter einem anderen Bild? War da etwas passiert, wovon die Nachwelt keine Kenntnis haben sollte?

In der Tat: Bild und Bildtext beweisen, dass es wirklich so war. Das mehrere Jahrhunderte lang versteckte Bild zeigt eine mittelalterliche Stadt, wahrscheinlich Kitzingen, und einen Mann, der sich mit einem Seil von einem Stadtturm herunterlässt, um aus der Gefangenschaft in diesem Turm zu entfliehen. Die Inschrift darunter erläutert den mysteriösen Vorgang näher: *„1602. Caspar Braun zu Kitzingen wegen begangener .... (ausradiertes Wort) zur Straff in thurm verhaftet, ist nach anruffung Göttlicher rettung und verlobter dancksagung in hiesiger wahlfart, da sich als balt bandt und schloß eröfneten, wunderbarlich mit einem Stroseil der gefengnüs entrunen.“*

Wir können die altertümliche, nach heutigen Rechtschreibvorstellungen reichlich fehlerhafte Inschrift trotzdem gut deuten: jener Caspar Braun aus Kitzingen war 1602 wegen eines Verbrechens, das nachträglich auf dem Votivbild unkenntlich gemacht wurde, rechtskräftig zur Gefängnisstrafe im Turm verurteilt worden. Offensichtlich war es ihm aber gelungen — angeblich nach Anrufung der Dettelbacher Muttergottes — der Kerkerhaft zu entfliehen und freizukommen. Aus Dank dafür stiftete er dieses Votivbild, das nun, nach über 300 Jahren, unvermutet wieder zum Vorschein kam.

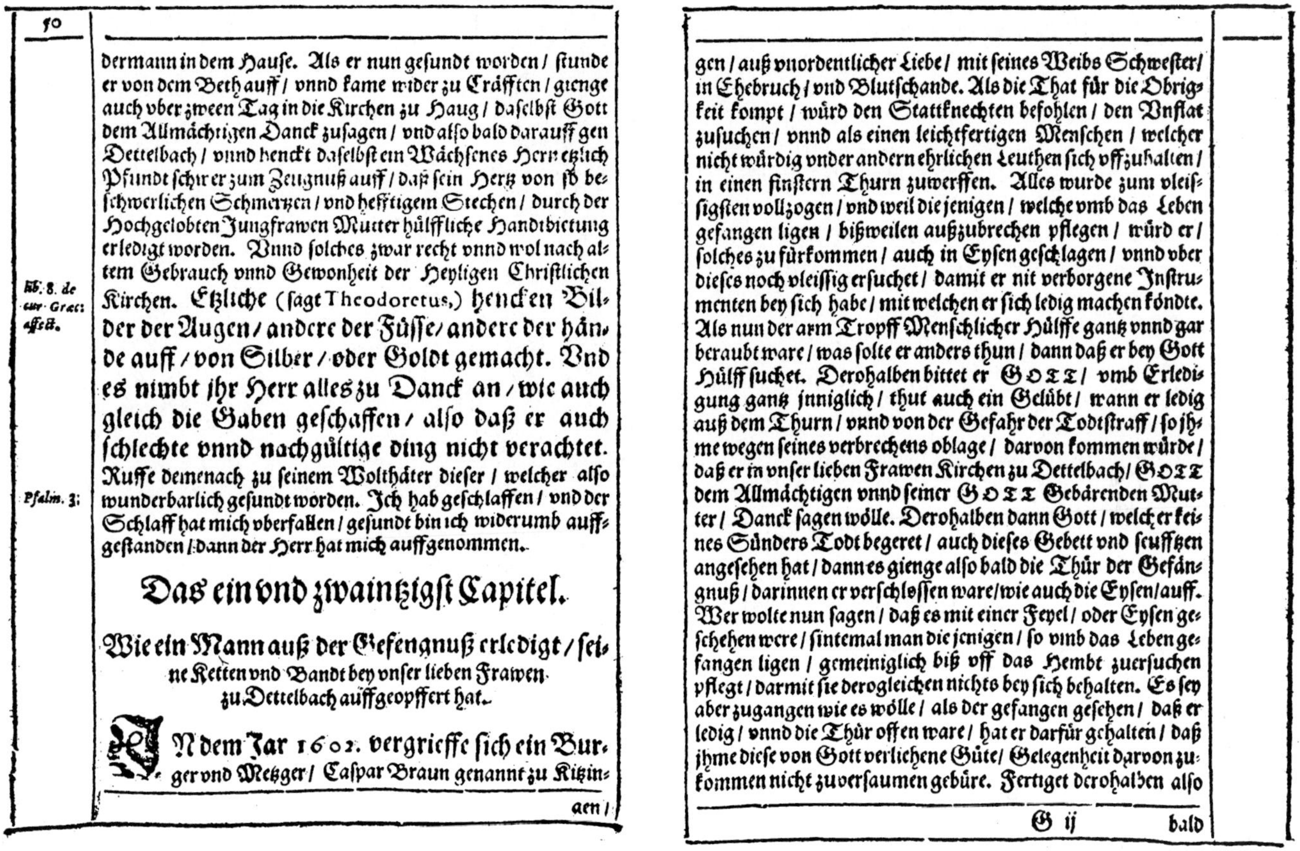

50

dermann in dem Hause. Als er nun gesundt worden / stunde
er von dem Beth auff / vnnd kame wider zu Cräfften / gienge
auch vber zween Tag in die Kirchen zu Haug / daselbst Gott
dem Allmächtigen Danck zusagen / vnd also bald darauff gen
Dettelbach / vnnd henckt daselbst ein Wächsenes Hertz etzlich
Pfundt schir er zum Zeugnuß auff / daß sein Hertz von so be-
schwerlichen Schmertzen / vnd hefftigem Stechen / durch der
Hochgelobten Jungfrawen Mutter hülffliche Handtbietung
erledigt worden. Vnnd solches zwar recht vnnd wol nach al-
tem Gebrauch vnnd Gewonheit der Heyligen Christlichen
Kirchen. Etzliche (sagt Theodoretus,) hencken Bil-
der der Augen / andere der Füsse / andere der hän-
de auff / von Silber / oder Goldt gemacht. Vnd
es nimbt jhr Herr alles zu Danck an / wie auch
gleich die Gaben geschaffen / also daß er auch
schlechte vnnd nachgültige ding nicht verachtet.
Ruffe demenach zu seinem Wolthäter dieser / welcher also
wunderbarlich gesundt worden. Ich hab geschlaffen / vnd der
Schlaff hat mich vberfallen / gesundt bin ich widerumb auff-
gestanden / dann der Herr hat mich auffgenommen.

Lib. 8. de cur. Graec. affect.

Psalm. 3.

Das ein vnd zwaintzigst Capitel.

Wie ein Mann auß der Gefengnuß erledigt / sei-
ne Ketten vnd Bandt bey vnser lieben Frawen
zu Dettelbach auffgeopffert hat.

IN dem Jar 1602. vergrieffe sich ein Bur-
ger vnd Metzger / Caspar Braun genannt zu Kitzin-
gen /

gen / auß vnordentlicher Liebe / mit seines Weibs Schwester /
in Ehebruch / vnd Blutschande. Als die That für die Obrig-
keit kompt / würd den Stattknechten befohlen / den Vnflat
zusuchen / vnnd als einen leichtfertigen Menschen / welcher
nicht würdig vnder andern ehrlichen Leuthen sich vffzuhalten /
in einen finstern Thurn zuwerffen. Alles wurde zum vleis-
sigsten vollzogen / vnd weil die jenigen / welche vmb das Leben
gefangen ligen / bißweilen außzubrechen pflegen / würd er /
solches zu fürkommen / auch in Eysen geschlagen / vnnd vber
dieses noch vleissig ersuchet / damit er nit verborgene Instru-
menten bey sich habe / mit welchen er sich ledig machen köndte.
Als nun der arm Tropff Menschlicher Hülffe gantz vnnd gar
beraubt ware / was solte er anders thun / dann daß er bey Gott
Hülff suchet. Derohalben bittet er GOTT / vmb Erledi-
gung gantz inniglich / thut auch ein Gelübt / wann er ledig
auß dem Thurn / vnnd von der Gefahr der Todtstraff / so jh-
me wegen seines verbrechens oblage / darvon kommen würde /
daß er in vnser lieben Frawen Kirchen zu Dettelbach / GOTT
dem Allmächtigen vnnd seiner GOTT Gebärenden Mut-
ter / Danck sagen wölle. Derohalben dann Gott / welcher kei-
nes Sünders Todt begeret / auch dieses Gebett vnd seufftzen
angesehen hat / dann es gienge also bald die Thür der Gefän-
gnuß / darinnen er verschlossen ware / wie auch die Eysen / auff.
Wer wolte nun sagen / daß es mit einer Feyel / oder Eysen ge-
schehen were / sintemal man die jenigen / so vmb das Leben ge-
fangen ligen / gemeiniglich biß vff das Hembt zuersuchen
pflegt / darmit sie derogleichen nichts bey sich behalten. Es sey
aber zugangen wie es wölle / als der gefangen gesehen / daß er
ledig / vnnd die Thür offen ware / hat er darfür gehalten / daß
jhme diese von Gott verlichene Güte / Gelegenheit darvon zu-
kommen nicht zuversaumen gebüre. Fertiget derohalben also

G ij bald

Auszug aus den Mirakelberichten des Eucharius Sang mit der Schilderung des Gerichtsfalls des Caspar Braun

Warum man das Bild rasch beseitigt, vielleicht gar nicht erst aufgehängt, sondern nach Ausmerzung der Verbrechenstat unter einer anderen Leinwand versteckt hatte, ist unschwer einsichtig: Caspar Braun hatte sich offenkundig gegen den Willen des Gesetzes aus dem Gefängnis befreit und sich seiner gerechten Strafe entzogen. Es konnte doch wohl nicht sein, dass die Muttergottes einem rechtskräftig verurteilten Übeltäter geholfen hatte!

Eine überaus peinliche Angelegenheit also, die aber Fragen und Zweifel aufwirft. Nachforschun-

Anno 1505/1506 entstand die Dettelbachwallfahrt nach der wundersamen Heilung eines Schwerverletzten

gen in den Gerichtsakten des Kitzinger Stadtarchivs ergaben, dass ein Gerichtsprotokoll „Caspar Braun" nicht mehr existiert; sein Fall ist nicht überliefert. Weil die Kitzinger Gerichtsakten aber ungemein genau und zahlreich sind, könnten wir durchaus vermuten, dass man mit dem unerwünschten Votivbild auch alle Gerichtsnotizen hat verschwinden lassen. War Caspar Braun unschuldig zur Haft im Turm verurteilt worden? Wollte man einen Justizirrtum nachträglich vertuschen? Hat die Dettelbacher Muttergottes also durch ihr gnädiges Wohlwollen einem Unschuldigen zu seinem Recht verholfen?

Was ist damals vorgefallen? Geschah an dem Kitzinger Bürger Caspar Braun ein Wunder — oder war er ein gerissenes Schlitzohr, das sich auf die Hilfe des Dettelbacher Gnadenbildes berief, um dadurch nachträglich seine ungesetzliche Flucht aus dem Gefängnis zu rechtfertigen und ins rechte Licht zu rücken? Welches Verbrechen soll Caspar Braun begangen haben, d.h.: was versteckt sich unter den schemenhaften Schriftresten?

Die Wunderberichte des Eucharius Sang lösen das kuriose Rätsel: sie verzeichnen Caspar Braun als ertappten Ehebrecher. Das fehlende Wort könnte demnach *„wegen begangener Blutschande"* geheißen haben. In der altertümlichen Übersetzung des lateinischen Originals lesen wir eine heute reichlich amüsante, in ungehobelter Sprache erscheinende Begebenheit:

„In dem Jar 1602 vergrieffe sich ein Bürger und Metzger/Caspar Braun genannt zu Kitzingen/aus unordentlicher Liebe/mit seines Weibs Schwester/in Ehebruch/und Blutschande. Als die That für die Obrigkeit kompt/würd den Stattknechten befohlen/den Unflat zu suchen/unnd als einen leichtfertigen Menschen/welcher nicht würdig under andern ehrlichen Leuthen sich uffzuhalten/in einen finstern Thurn zu werffen. Alles wurde zum vleissigsten vollzogen/und weil diejenigen/welche umb das Leben gefangen ligen/ bißweilen auszubrechen pflegen/würd er/solches zu fürkommen/auch in Eysen geschlagen/unnd überdieses noch vleissig ersuchet/damit er nit verborgene Instrumenten bey sich habe/mit welchen er sich ledig machen köndte."

Der „Unflat“ Caspar Braun, der die Schwester seiner Frau verführt hatte, wurde diesen Worten zufolge zum Tode verurteilt, in den Gefängnisturm geworfen und angekettet. Aber dennoch kam er frei, weil er, wie der Chronist berichtet, eine Wallfahrt nach Dettelbach gelobte und in Todesangst Gott inständig um Hilfe bat, „*derohalben dann Gott/welcher keines Sünders Todt begeret/auch dieses Gebett und seuffzen angesehen hat/dann gienge also bald die Thür des Gefängnus/darinnen er verschlossen ware/wie auch die Eysen auff*“. Er wand sich aus dem Stroh seiner Gefängniszelle ein Seil und ließ sich aus dem Turmfenster hinab. Unverzüglich eilte er nach Dettelbach zum Gnadenaltar der Wallfahrtskirche, dankte dort Gott und Maria für seine wundersame Befreiung und opferte als Zeichen das Strohseil samt der geöffneten Eisenkette als Beweismittel, dass er durch ein Wunder der Haft entflohen sei.

Bezeichnend ist, mit welch gewundener Argumentation der Chronist von 1608 — die Wundertat war also noch in frischester Erinnerung — die Heilwirkung der Marienwallfahrt zu rechtfertigen sucht: *Es habe nemblich ein schlecht ansehen zu der Warheit/daß Gott der Allmächtig unnd seine Würdigste Mutter/den Übelthätern Hülff leisten solten/damit sie der Gefängnus entledigt/ungestrafft entrinnen/unnd also die Poen vermeiden/welche ihren begangenen Lastern von rechts wegen gebürt …*“. Doch, so fährt der Mirakelbeschreiber fort, sei die Muttergottes eben die Beschützerin aller Menschen und helfe jedem, was er auch verbrochen haben möge. Und dennoch habe sie Caspar Braun letztendlich „*eine schlechte Wolthat*“ erwiesen, denn seitdem sei dieser Mann von seiner Umwelt ausgeschlossen, ein Außenseiter geworden, denn „*so tregt er doch eine grosse Straff täglich/ja stündlich unnd augenblicklich uff dem Hals/er zieht im Elend herumb/wie die Sag gehet/unnd hat keine bleibliche statt/laufft irrig von einem Orth zu dem andern/fleucht bekandter Leuth Gemeinschafft/unnd führet also ein sehr armseliges Leben*“.

Womit, so vermeint der Chronist der Dettelbacher Wundertaten, Caspar Braun eine noch viel schlimmere Strafe erleiden musste, als wenn sein Leben jäh mit der Hinrichtung geendet hätte. Das mag sicherlich so stimmen — doch wer spricht von der Lage seiner Ehefrau, oder gar von deren Schwester, die er verführt hatte …?

Freitreppe, Vorhalle und Freiterrasse des Ziegelsdorfer Mausoleums

Schauer auf der Haut

Das tragische Mausoleum von Ziegelsdorf

Ziegelsdorf, ein kleines Nest im Osten von Seßlach im Lkr. Coburg, beherbergt einen geheimnisvollen Ort, der in Franken ohne Vergleichsbeispiel ist. Wir brauchen ein wenig Spürsinn und ein Beträchtliches mehr an Mut, damit wir uns ihm nähern können.

Mag sein, dass die Anreise mühsam ist, denn unser Ziel liegt weit im Nordosten Oberfrankens und ist ohne genaue Straßenkarte kaum zu finden. Von Seßlach bergaufwärts fahrend erreichen wir den Ort, und während wir uns dem Dorfrand nähern, richten wir den Blick nach rechts in ein Waldgebiet. Mit geschärfter Aufmerksamkeit sehen wir vielleicht die Dachspitze eines vorerst nicht näher definierbaren Gebäudes durch die Baumwipfel schimmern — in ein paar Jahren, wenn der Bewuchs noch höher geworden ist, wird auch diese Wahrnehmung nicht mehr möglich und unser Ziel noch versteckter und geheimnisumwobener sein.

Den Weg dorthin müssen wir zu Fuß zurücklegen, und er ist weit. Ein Zugang ist von Ziegelsdorf aus heute nicht mehr möglich, weshalb wir vom benachbarten Buchenrod einen Wanderweg nach Norden suchen müssen, um in das Ziegelsdorfer Wäldchen zu gelangen, in dem das gesuchte Denkmal versteckt ist. Im Wald selbst halten wir uns in östlicher Richtung — keines in diesem Buch beschriebene Ziel ist so schwer zu finden! In den Monaten, in denen die Bäume belaubt sind, haben wir es noch ein wenig mühsamer; in der übrigen Jahreszeit sehen wir unser Ziel durch das Gestrüpp von Büschen und Bäumen blinken. Wir sprechen uns selber Mut zu und gehen weiter …

Das Mausoleum ist ein neoromanischer Bau in stilreinsten Formen, Dimensionen und Materialien

Unschwer erkennen wir, dass das scheinbar unwegsame Gelände früher eine geordnete Anlage in Form eines Parkes mit Wegen, Terrassen, Teich und Bachlauf war. Dann plötzlich, ganz unvermittelt, stehen wir vor dem gespenstisch anmutenden Gebäude, einer neuromanischen Kirche, einem Zentralbau in angedeuteter Kreuzesform mit einem achteckigen Dachreiter, den wir von der Straße aus als Merkzeichen gesehen haben. Wir nehmen unseren ganzen Mumm zusammen und gehen die Freitreppe hinauf, auf den dreitürigen Eingang zu, über dem eine Freiterrasse liegt. Eine der Türen ist gewaltsam aufgebrochen. Vielleicht haben wir genügend kühle Besonnenheit, um stehen zu bleiben und uns beim Betrachten des eigentümlichen Bauwerks jener Worte zu vergewissern, die ein Journalist in der Coburger Zeitung 1899 schrieb: *„Der imposante Bau ist ein wahres Kunstwerk der Architektur, Skulptur und Malerei. Er macht im Innern und im Äußern auf den Beschauer einen erhebenden Eindruck …"*.

1897, so lesen wir über der Vorhalle, wurde diese Kirche im Wald errichtet. Aber noch immer wissen wir nicht genau, welchen Sinn und Zweck ein solch anmutiges, reich verziertes und geschmackvoll gestaltetes Gebäude weitab des Dorfes im Wald zu erfüllen hat.

Durch die geöffnete Holztüre gelangen wir in den Innenraum. Ein hohes schmiedeeisernes Gitter versperrt uns den weiteren Weg, doch beeinträchtigt es unseren Eindruck nicht. Bei Sonnenlicht wird sich unser Blick unwillkürlich nach oben richten, zur Kuppel, die die einfallenden Strahlen diffundieren lässt und den Raum in eine nahezu übernatürliche Stimmung taucht. Gegenüber in der halbrunden fensterlosen Apsis steht eine riesengroße, Furcht erregende Christusfigur aus Marmor, die die Arme waagrecht nach vorne streckt und ihren Segen ausbreitet. Er ist nicht etwa uns, den Besuchern gewidmet, sondern wendet sich vielmehr dem Sarkophag zu, der das Zentrum des Raumes bildet. Die schwarze Grabplatte verrät uns: *„Hier ruht in Frieden Hans Georg Friedrich Werner von Seebach geb. 2. Mai 1851 gest. 14. Nov. 1895"*. Womit wir des Rätsels Lösung vor uns haben: die einsame Kirche im Wald ist ein Mausoleum. Der gesamte Raum ist farbig gehalten, mit historisierenden Dekorationen bemalt und im Halbrund mit dem Spruch versehen: *„Selig sind die reinen Herzens sind/denn sie werden Gott schauen/selig sind die Friedfertigen/denn sie werden Gottes Kinder heißen/Matth. 5.8"*.

Werner von Seebach war der Letzte eines kleinen unbedeutenden Adelsgeschlechts, das erst seit dem Jahre 1800 im Schloss des benachbarten Ziegelsdorf wohnte. Es ist heute nicht mehr festzustellen, wann und warum jener sonderliche Freiherr in dem einsamen Dorf auf die Idee kam, sich in dem seinem Schloss gegenüberliegenden Wäldchen ein eigenes Mausoleum bauen zu lassen. Dass er dabei beträchtliche Summen investierte, beweisen die Aussage eines Kunstführers jener

Der Sarkophag des Werner v. Seebach († 1895) beherbergt noch heute die Gebeine des tragischen Landadeligen

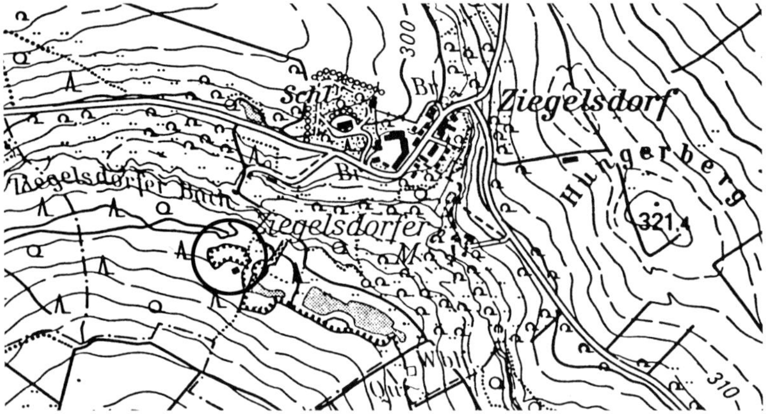

Das Mausoleum liegt abseits des Dorfes tief versteckt im Ziegelsdorfer Wald

Zeit *„Im nahen Ziegelsdorf … ein kostbares Mausoleum (150.000 Mark) für Werner von Seebach (Christus, herrliche Marmorfigur von Professor Sommer-Coburg)"* und die seltsame Verfügung seines Testaments: 300.000 Mark erhielt der Thüringische Reitverein mit der Verpflichtung, sich um die Pflege des Mausoleums und der umgebenden Parkanlage zu kümmern, ja sogar sich um die Fertigstellung zu bemühen, falls der edle Spender vorzeitig das Zeitliche segnen sollte. Warum gerade ein Pferdesportverein? Das ist wohl nur durch die Begeisterung zu erklären, die Werner von Seebach Zeit seines Lebens dem Reitsport entgegenbrachte. Auch die Sorge um ein vorzeitiges Ableben war durchaus nicht unberechtigt, denn der Freiherr, obwohl in frischer Landluft lebend, schien reichlich kränklich gewesen zu sein, lag die letzten Jahre seines Lebens erblassend in schleichendem Siechtum darnieder — und so ist die Erklärung, die über viele Jahre zwanghaft bedrängenden Gedanken an den Tod und das Jenseits hätten ihn dazu bewogen, eine eigene Grabstätte zu errichten, sehr nahe.

So kurios und abstrus dieses uns Schauer auf der Haut erregende Denkmal ist, so absonderlich auch sein weiteres Schicksal. Der Thüringische Reitverein besteht seit langem nicht mehr, das Bauwerk dämmerte vor sich hin, schien sicherem Verfall anheim gegeben. In der Dämmerung und in den Nächten waren es Jugendliche der Umgebung, die sich nicht scheuten, in dem ehrwürdigen Gebäude wilde Trinkgelage und unkontrollierte Partys abzufeiern, mit negativen Folgen für die gesamte Ausstattung. Werner von Seebach — dessen sterbliche Überreste ja noch immer hier liegen — mag sich in seinem Sarkophag schon mehrfach vor Entsetzen und Entrüstung umgedreht haben und zahlreiche neue Tode gestorben sein ob der schamlosen Entweihung seines sakrosankten Ruheortes.

In den 80er Jahren — das Mausoleum war gerade ein Jahrhundert alt — erschien der bauliche Zustand und die Verwahrlosung durch den ständigen Missbrauch so bedrückend, dass sich Initiativen zur Erhaltung bildeten und — nach der entsprechenden Zeit der Vorplanung und Überwindung bürokratischer Hindernisse — 1989 bis 1992 Maßnahmen der Bewahrung durchführen ließen. Das Dach wurde neu gedeckt, die Außenfassade restauriert — für das Innere aber fehlte bislang das

Geld. Die Sperrung des Zugangs von Ziegelsdorf her und die Anbringung des Eisengitters sollen künftig hirnlose Wandalen davon abhalten, die Seelenruhe des Werner von Seebach auch künftig zu stören. Die Chancen dazu sind gering, denn auch heute noch hat das Mausoleum in bestimmten Kreisen einen eigentümlichen Bekanntheitsgrad.

Verlassen wir diesen sonderbaren, in seiner Art in Franken zweifellos unvergleichlichen und so stillen Ort. Bedrückende Gedanken bewegen uns: ein Bauwerk haben wir besucht, dessen Schicksal wie ein Spiegelbild dem seines Stifters gleicht. Ein bedauernswertes Kuriosum, dessen weitere Erhaltung trotz des kunsthistorischen Wertes außerordentlich ungewiss erscheint. Welche Nutzung soll diesem Bauwerk für die Allgemeinheit jemals zukommen? Wie sollen die investierten Gelder vor der Öffentlichkeit gerechtfertigt werden? Schon regen sich widerwillige Stimmen in der Bevölkerung, die immer unverblümter äußern, es gäbe sinnvollere Objekte des finanziellen Engagements ... armer Werner von Seebach — es scheint, als ob du keine Ruhe finden solltest!

Doch eines mag jenen sonderlichen Freiherrn in den Tiefen seines Sarkophages trösten: zwar hat sich der Thüringische Reitverein der gestifteten 300.000 Mark damals nicht würdig erwiesen, doch hat gerade eben — welche Ironie des Schicksals! — der bayerische Staat 300.000 DM in die Notsicherung des Mausoleums fließen lassen ...

Neoromanisches Fenster am Westflügel des Mausoleums

Rätselhafte Lebensweisheiten

Hausinschriften in Königsberg

Mit seinen rund 4000 Einwohnern gehört Königsberg i.B. im Lkr. Haßberge sicher nicht zu den größeren Städten in Franken. Was die Schönheit und den kulturhistorischen Wert seines Ortbildes betrifft, steht es allerdings auf einem der vordersten Plätze. Wer diese überaus liebenswerte Stadt noch nicht kennt, hat ein besonderes Schmuckstück unserer Heimat bislang übersehen — eine Bildungslücke, die zu schließen eine angenehme Pflichtübung sein wird!

Wer sich zu einem Rundgang durch die Königsberger Altstadt aufmacht, darf seinen Fotoapparat nicht vergessen. Die Zahl der Motive ist vielfältig und man sollte es nicht versäumen, jede und auch die kleinste Gasse zu durchstreifen und sich an der harmonischen, sorgsam gehegten historischen Bausubstanz zu erfreuen. Wir aber, die wir uns den verborgenen Rätseln widmen wollen, suchen das Fachwerkhaus an der Ecke Eduard-Lingel-Straße/Goldene

Fachwerkzeile in Königsberg

Röhrengasse. Es besticht durch sein überaus reiches Schmuckfachwerk des 18. Jh. — und befremdet durch eigentümliche Schriftzeichen auf seinen senkrechten Ständerbalken:

Von links nach rechts erkennen wir drei ovale Medaillons und ein viereckiges Feld. Die Buchstaben in den Medaillons sind kreuzförmig angeordnet, jeder Buchstabe gilt als Anfang eines Wortes, so dass drei Sinnsprüche entstehen, die von oben nach unten, aber auch von links nach rechts und von rechts nach links gelesen werden können. Oft sieht man Besucher der Stadt vor diesen Schriftzeichen stehen und rätseln, was sie bedeuten könnten, und wenn nicht zufällig ein Ortskundiger vorbeikommt, der ihre Deutung vielleicht vor langen Jahren im Heimatkundeunterricht der Grundschule gehört hat, ist man reichlich rat- und hilflos. Weil dieses Buch zu rätselhaften Orten

Frankens führen und diese Rätsel — wann immer möglich — auch aufklären will, wird hier die Lösung der Buchstabengefüge verraten:

G S M S G meint: „Gott sei mir Sünder gnädig“, S S E S S heißt: „So stirbt ein Sünder selig“, und M E M E M bedeutet: „Mein einziger Mittler erlöse mich“.

Im viereckigen Feld werden die drei Buchstabenkombinationen zu einem magischen Quadrat vereinigt, in dem die Folge GSMSG von oben nach unten, von links nach rechts und in beiden Diagonalen insgesamt sechsmal vorwärts oder rückwärts vorkommt, die Kombination SSESS je viermal waagrecht und senkrecht und MEMEM zweimal in der Kreuzesform. Solch magische Buchstaben- oder Zahlenquadrate haben eine uralte Tradtion: bei den Ausgrabungen der 79 n.Chr. zerstörten Stadt Pompeji fand man eine Säule mit dem Kreuzwort TENET (zu Deutsch wohl „Er versteht“). Albrecht Dürer hat in seinem Kupfer-

stich „Melencolia I“ (1514) ein Zahlenquadrat abgebildet, das in der Wandnische eines Zimmers zu sehen und ein wichtiger Bestandteil der Gesamtsymbolik der Darstellung ist.

Unter den Medaillons sind sinnreiche Sprüche in die Balken geschnitzt, die trotz ihrer holprigen Sprache und der altertümlichen Orthografie keine Rätsel aufgeben, leicht zu verstehen und zu deuten sind:

Magisches Zahlenquadrat in Albrecht Dürers „Melencolia"

„Die warHeit ist gen
Himmel geflogen
Die Treü ist Über Das
mehr gezogen".

„Die Gerechtig
keit ist vertriben
die Untreü ist auf
Erden geblieben".

„Wer wil einen
Reinen finten
Bei Denen Da
keiner Rein ist".

Zeitlose, nachdenklich stimmende Lebensweisheiten, über die man nicht weiter diskutieren muss.

Die Großbuchstaben HL und die Jahreszahl 1707 unter dem magischen Quadrat verweisen auf den Zimmermann Hans Lenk, der das Fachwerk in jenem Jahr erneuert hat. Ortskundige Historiker nehmen allerdings an, dass Sinnsprüche und Buchstabenrätsel älter und wohl dem 16. Jh. zuzuweisen sind. Ob Hans Lenk 1707 die Balken mit den Texten in sein Fachwerk übernommen oder sie kopiert hat, bleibt ungewiss.

Hausinschriften sind Volksweisheiten. Ihre sprachliche Form ist meist sehr schlicht und kann Ansprüchen an Versmaß oder dichterische Qualität nicht genügen. Und dennoch sind ihre Aussagen unverfälscht, ursprünglich und von tiefem Sinn. Wir sollten uns deshalb bei unserem Rundgang durch Königsberg ganz dem Reiz dieser schönen Stadt öffnen — und dabei nach weiteren

Hausinschriften suchen! An einem Gebäude an der Ecke des Wiener Gässchens steht z.B.:

„Dies Haus ist mein und doch
nicht mein
Beim Nächsten wird
es auch so sein.
Den Dritten trägt
man auch hinaus —
Nun frag ich: Wem gehört dies
Haus?“

An den Fachwerkhäusern des Salzmarkts treffen wir auf weitere Sinnsprüche:

„Alle die mich neiden und hassen
muessen mir doch Gottes Segen
lassen“

„Mein Anfang, Mittel und End
Steht in Gottes Hend“.

Das Fachwerkhaus am Eingang der Röhrengasse mit seinen seltsamen Buchstabenrätseln

Kuriose Vielfalt

Das „Apostelhaus“ von Gochsheim

Man kann nun wirklich nicht behaupten, Franken sei arm an schönen, sehenswerten Bürger- und Bauernhäusern. Aber hier, in diesem so oft unterschätzten Landstrich, gibt es überall und immer noch eine Steigerung. Eine gewagte Behauptung? Überhaupt nicht — man suche z.B. nach dem „Apostelhaus“ in Gochsheim …

Gochsheim, das ehemals freie Reichsdorf südlich von Schweinfurt, ist heute vor allem durch seine Nähe zum Kernkraftwerk Grafenrheinfeld bekannt geworden. Weniger konflikthaltig, aber umso traditionsreicher ist die Kirchweih vor dem Fachwerkrathaus, die alljährlich im August mit dem „Plantanz“ gefeiert wird.

Das „Apostelhaus“ befindet sich im Ostteil des Altortes in einer schmalen Nebengasse. Überschwänglich schrieb ein Autor 1983:

„Hier kann man nicht vorüber gehen, hier muss man verweilen, das Bild in sich aufnehmen und sich tief, tief freuen … Das Haus ist ein wahres Bilderbuch und was es im Text erzählt, ist geradezu köstliche, aber auch eigensinnige Lebensweisheit. Mehr sei hier nicht verraten: Kommen Sie selbst, sehen Sie sich das Häuschen an, lesen Sie schmunzelnd die Inschriften, und Sie kennen ein schönes Stück Franken mehr …!“

Diese Schilderung mag überheblich klingen und den Eindruck erwecken, als stamme sie aus dem Fremdenverkehrsprospekt von Gochsheim. Doch sie übertreibt nicht, denn das „Apostelhaus“ ist eine verschroben-eigenbrötlerische Besonderheit in der fränkischen Hauslandschaft!

Kunstvoll ist die Straßenfront gestaltet. Auf das Jahr 1612 datiert — wir lesen die Jahreszahl unter einer Inschrift am rechten Hauseck — zeigt sie den für Frankens Renaissance so typischen Volutengiebel aus schwungvollen schneckenförmigen Ornamenten. Als Bekrönung trug er, wie alte Fotografien beweisen, in der Zeit zwischen 1842 und der Mitte unseres Jahrhunderts eine Figur des Apostels Petrus, die aus der Gochsheimer Pfarrkirche stammte; sie hat dem Haus den Namen gegeben. Die

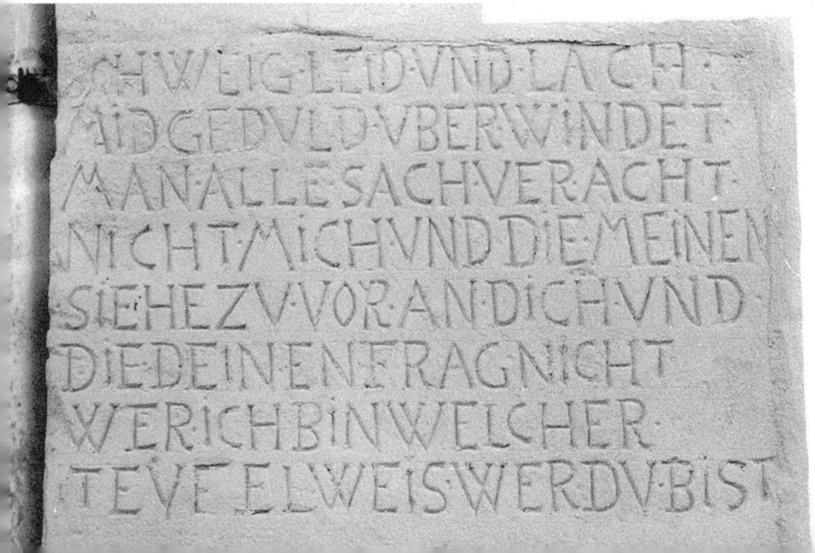

Sinnspruch am Apostelhaus

Stockwerke sind durch waagrechte, profilierte Simse gegliedert. Aus dem Erdgeschoss ragt ein dreiseitiger kanzelartiger Erker weit nach vorne. Seine Fenster sind von zierlichen Säulen umrahmt, der Sockel zeigt Szenen aus dem Neuen Testament, zentral auf der Vorderseite die Kreuzigung. Aus den Hausecken lugen vollplastische Männerköpfe heraus, die martialische Helme tragen. An verschiedenen Stellen der Fassade entdecken wir zudem anmutige Engelsköpfe, Unheil verbannende Schrecksteine, ein rätselhaftes Wikkelkind und, auf den Konsolsteinen des weit vorkragenden untersten Gesimses, dekorative Blumenvasen. Aber das ist nicht alles, was den Betrachter des Gebäudes verwundert verweilen lässt. Es sind auch die Inschriften, die unser Interesse erregen, deren Entschlüsselung wegen der verdrechselten Ortografie aber Probleme bereitet:

Der Text an der linken Hausecke ist von der Art zahlreicher anderer fränkischer Sinnsprüche, wenn auch individuell umformuliert, er lautet:

„SCHWEIG LEID UND LACH
MID GEDVLD VERWINDET MAN ALLE SACH
VERACHT NICHT MICH UND DIE MEINEN
SIEHE ZUVOR AN DICH VND DIE DEINEN
FRAG NICHT WER ICH BIN
WELCHER TEVFEL WEIS WER DV BIST“.

In den Zeilen an der rechten Hauskante charakterisiert sich ein Kuntz Sweigert ironisch selbst. Er bezeichnet sich als Erbauer des Hauses und schildert sein fehlendes Glück beim weiblichen Geschlecht:

„KVNTZ SWEIGERT BAVT SICH AN DEM HAVS
EIN SO GESCHLAGT DAS ER KEINER JVNGFRAV
VND KEINS WEIBS NICHT TAGT
WAN SIE SCHÖN IST SO WEIS ALS WACKS
SO BIN ICH IHR DOCH VIL ZV SWARTZ
VND KANN SIE NICHT BEKOMEN…“

Der Rest des Textes ist wunderlich falsch geschrieben und deshalb nicht in allen Worten deutbar. Immerhin bekommt man so viel heraus, dass der bedauernswerte Kunz Schweigert wohl eine ganz bestimmte „Jvngfrav“ ins Herz geschlossen, sie sich ihm aber verweigert hatte; sie sei so „VRKLVG“ aber doch nicht nett. Resignierend fügt er deshalb den Wunsch hinzu, dann solle sie eben einen anderen kennen lernen („MÖGT SIE SONST EIN MAN KENNEN ...“).

In jüngster Zeit hat man dieses kuriose Haus einer gründlichen Bestandsaufnahme und Bauforschung unterzogen. Einige Rätsel konnten gelöst werden, so manche Ungereimtheit aber widersetzte sich bislang erfolgreich der wissenschaftlichen Neugier:

Archivalisch nachgewiesen ist die Tatsache, dass das Gebäude zwischen 1690 und 1712 Pfarrhaus für den Pfarrer Johann Athanasius Schrickel war; seine Initialen, datiert auf 1690, finden sich heute noch im Sturzstein des Doppelfensters im 1. Obergeschoss. Mit dem Jahre 1690 scheinen größere Umbaumaßnahmen stattgefunden zu haben und man vermutet, dass der Straßenseite die heute sichtbare Volutengiebelfront vorgeblendet oder dass sie durch diese ersetzt wurde. Wahrscheinlich stammt sie aus einem anderen Gebäude, das so wie ein ähnliches Renaissancehaus in Gochsheim (Schonunger Straße 18) gestaltet war. Dabei fügte man in das Mauerwerk verschie-

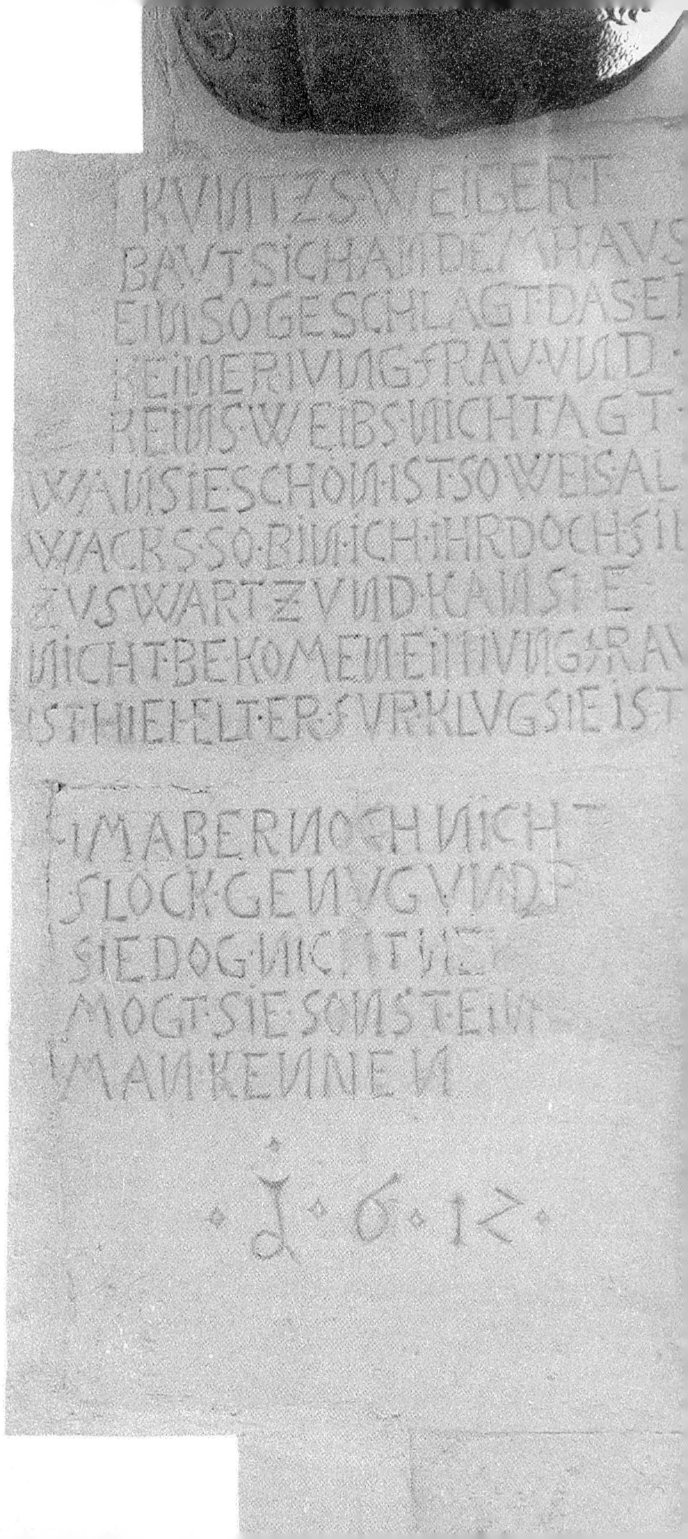

dene Spoliensteine und auch den Kanzelkorb ein, der der örtlichen Überlieferung zufolge aus der Schwebheimer Kirche stammen soll. Der im zitierten Hausspruch genannte Kuntz Sweigert von 1612 ist bislang in den schriftlichen Aufzeichnungen nicht als Gochsheimer Bürger identifiziert worden, was der Vermutung eines früheren, nicht in Gochsheim selbst befindlichen Standorts der Volutenfront große Wahrscheinlichkeit verleiht.

Im 17. Jahrhundert und nach der kurzzeitigen Funktion als Pfarrhaus diente das Haus stets als landwirtschaftliches Anwesen — mehrere Besitzer konnten schriftlich nachgewiesen werden. Zuletzt gehörte es der Bauersfamilie Bernhardt, die es bis in die 80er Jahre unseres Jahrhunderts bewirtschaftete. Nach einer vor kurzem erfolgten Restaurierung steht das Gebäude leer, eine öffentliche Nutzung durch den Historischen Verein Gochsheims ist im Gespräch. Vielleicht werden weitere Bau- und Archivforschungen die offenen, rätselhaften Fragen lösen.

Doch auch wenn das nicht mehr möglich sein wird, weil die Quellen dazu fehlen — ein bemerkenswertes Gebäude ist das Apostelhaus auf jeden Fall, und als Besucher darf man hoffen, dass man im Ort seine historische Bedeutung erkannt hat und alles tun wird, um seinen Bestand auch für künftige Zeiten zu bewahren!

Details an der Giebelfront des Hauses

Trost für Körper und Seele

Die Heilquelle von Amorsbrunn

Unter den vielen Wallfahrtsorten Frankens nimmt die Kapelle St. Amor in Amorsbrunn eine besondere Stellung ein. Die anmutige kleine Kirche steht am Ortsrand von Amorbach, am Rande des Odenwalds und spricht zu uns in einer ganz wundersamen Sprache. Von Rätseln und sagenhaften Interpretationen umwoben gibt sie ihre Geheimnisse nicht so einfach preis und wir werden uns Zeit nehmen müssen, wenn wir uns mit ihr befassen und sie näher kennen lernen wollen.

Wir finden die Kapelle in einer sanften Talsenke am Westrand von Amorbach vor einem Hintergrund von Bäumen. Eine überdimensionale gemalte Darstellung des hl. Christoferus an der Südwand lenkt zuerst die Blicke auf sich, die seit 1535 hier angebracht später immer wieder erneuert wurde — zuletzt im Jahre 1900. Links auf dem Vorplatz entdecken wir eine Freikanzel, datiert auf 1576 in rotem Buntsandstein; sie mag den Predigern als Redeplatz gedient haben, wenn die Zahl der frommen Pilger so groß war, dass der Kirchenraum sie nicht fassen konnte. Rechts der Kirche befindet sich ein rechteckiges Wasserbecken, ein Heilbad, von dem wir noch Näheres hören werden, dessen Wasser von einer Quelle gespeist wird, die unter dem Fußboden der Kapelle entspringt und vier Liter pro Sekunde spenden soll. Viele Eindrücke auf einmal, die auf uns einwirken, bevor wir die Kirche betreten und uns auf einer Bank niederlassen, um uns mit der Entstehung und der von großer Gläubigkeit der Menschen erfüllten Bedeutung der Kirche zu befassen:

Der Sage nach wurde der hl. Amor zusammen mit dem hl. Pirmin als missionierender Wanderprediger nach Germanien gerufen und soll um 734 im Odenwald das Kloster Amorbach gegründet haben. Mit dem Quellwasser von Amorsbrunn habe Pirmin die ersten Taufen vollzogen; 776 oder 777 sei St. Amor als erster Abt seines Kloster hier gestorben. Die lokalhistorische Forschung hat längst nachgewiesen, dass es sich bei diesen Beschreibungen um einen legendären, nicht nachweisbaren Hintergrund handelt. Sicher ist vielmehr, dass die Kirche schon immer der Muttergottes geweiht war. „Amorsbrunn“ und „Amorbach“ haben in ihrer Schreibweise ursprünglich nichts mit „Amor“ zu tun, sondern besaßen einst die Vorsilbe „Ammer-“ wie der Bach, der aus der Quelle entsteht. Als im 11. Jh. der Amorbacher Mönch Theoderich durch das Amorsbrunner Wasser von seiner Gicht geheilt worden war, habe er von dem „rivus amoris“ gesprochen, dem „Bach der Liebe“, womit er die Liebestat Gottes an ihm bezeichnen wollte. In gleichem Sinn er-

Wallfahrtskapelle St. Amor
(urspr. St. Maria)

Steinfigur des hl. Amor (um 1450)
im Chorraum der Kapelle

Das wundertätige Heilbad, das aus einer Quelle gespeist wird, die unter der Kapelle entspringt

Heiligen so fest gehalten. 1446 stellte man in der Kirche eine Statue des hl. Amor auf — als Wanderprediger mit Stab, Mantel, schweren Schuhen und dem Kirchenmodell in der Hand — die wir auf der linken Seite des Chorraumes sehen können. Reliquien des Heiligen, die Johannes Keck damals aus Münsterbilsen bei Maastricht, wo Amor begraben sein soll, herbeigeschafft hatte, sind in einer von einer Eisentüre verriegelten Nische neben der Statue aufbewahrt.

1521 erhielt die Kapelle ihr heutiges Aussehen, doch nimmt man an, dass sie in ihrer Substanz wesentlich älter ist. Groß war mehrere Jahrhunderte lang der Zustrom der Pilger, denn sie setzten ihre Hoffnung in die Heilkraft der Quelle, der man wundersame Kräfte nachsagte. Sie sei für alle nur denkbaren Leiden Linderung und Rettung. Auch glaubte man eine Zeit lang, dass Frauen, die in der Heilquelle badeten, von Kinderlosigkeit befreit

hielt Amorsbrunn den Namen „sancti amoris fons“, das bedeutet „Quelle der heiligen Liebe“. Erst der in der Mitte des 15. Jh. im Kloster lebende Priester Johannes Keck habe dann die irrige Behauptung aufgestellt, dass der hl. Amor der Gründer und Patron sei — und diese Meinung hat sich lange bis in unsere Tage gehalten und ist sogar noch im Lexikon der biblischen Gestalten und

„Wann Schwere Kranckheit umringt Dein Hertz,
Und Leidest gar Grossen Schmertz

Warumb Gibst dem Artz So Grosse Gaben
Und Läst Fahren die Göttliche Gnaden.

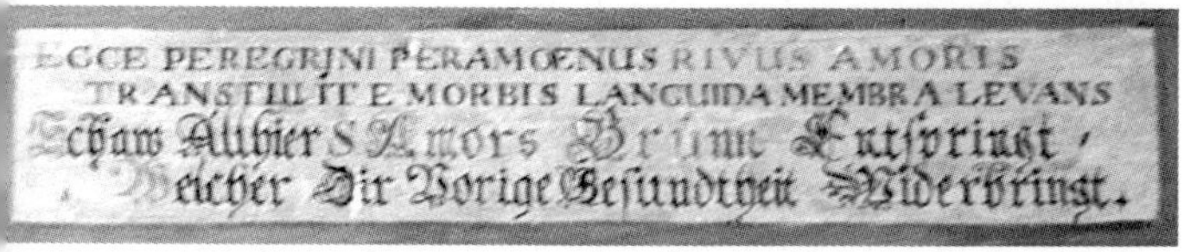

Schaw Allhier S. Amors Brunn Entspringt,
Welcher Dir Vorige Gesundheit Widerbringt.

So du Beschrien bist und dein Glieder Verdürren wöllen
Wasche dich mit Dieser Heylsamen Brunn quellen

Wann du meinst Aus grossen Zahnweh müst Ich Vergehn
Mit diesem Wasser Wasch Deine Zähn

Wann Baldt Vielerley Kranckheit aus sonderer Krafft,
Haylet S. Amor Mit Gegenwertigen Safft."

werden könnten. 1652 verfasste der Amorbacher Mönch Kolumban Mohr jene lateinisch und deutsch verfassten Verse, die wir rot umrahmt an der Empore hinter uns lesen können — ob er sie selber Ernst nahm? Ist nicht ein gewisses ironisches Augenzwinkern zwischen den Zeilen zu entdecken? Amüsiert entziffern wir die Sprüche: Im Laufe des 19. Jh. versiegte der Strom heilungsgläubiger Pilger nach Amorsbrunn — so wie in manch anderem Wallfahrtsort Frankens. Bis 1792 betreuten Mönche die ankommenden Gläubigen; sie wohnten dort, wo heute das rote Buntsandsteinhaus steht. Ihre Toten begruben sie neben dem Wasserbecken; die Umfassungsmauern des früheren Friedhofs umrahmen jetzt einen reizvollen Bauerngarten. Auch wenn die Wallfahrt längst vergangen ist — trotzdem können wir nachfühlen, dass man der Quelle von Amorsbrunn wunderliche Kräfte nachsagte, denn das Wasser ist angenehm klar und von erfrischender Kühle — wir sollten es ausprobieren und wenigstens einmal die Hand ins Heilbecken tauchen!

Bevor wir die sagen- und geschichtsträchtige Kapelle wieder verlassen, um ins bunte Leben des barocken Amorbach zurückzukehren, dürfen wir aber keinesfalls eine aufmerksame Betrachtung des Hochaltars vergessen. Das spätgotische Kunstwerk ist ein hölzerner, farbig gefasster Schreinaltar und muss aus der Bauzeit der Kapelle um 1500 stammen. Seine Darstellung der „Wurzel Jesse“ ist merkwürdig im Sinne des Wortes. Jesse oder auch Isai, der Urvater des Stammbaums Jesu, ist als liegende Figur in der Predella dargestellt. Aus seiner Brust wächst ein starker Ast, der in den Mittelschrein hineinwuchert, sich verzweigt und an seinen Enden zwölf Könige des Alten Testaments zeigt. Der Hauptstrang aber endet in der Muttergottes mit dem Jesuskind, denn sie sind die Krönung und der Gipfelpunkt des Stammbaums Jese. In den beiden Flügeln sind Joachim und Anna, die Eltern Marias zu sehen.

Die Versinnbildlichung des Stammbaums Jesu ist auf Altären eine Seltenheit und kommt nur sehr vereinzelt vor. Bemerkenswert ist eine andere Darstellung in der Wallfahrtskirche von Dettelbach im Maindreieck, denn dort ist Jesse die Konsolfigur der Kanzel und aus seiner Brust ranken die Äste über den Kanzelkörper hinauf bis über den Scheitelpunkt des Schalldeckels — ein Werk des Bildhauers Michael Kern, den wir schon beim Besuch der Felsenkapelle St. Wendel kennen gelernt haben — das 1626 entstand und übersät ist mit allen Figuren der Geschlechterreihe Jesu. Sicher werden wir diese Kanzel spätestens dann sehen und bewundern, wenn wir uns mit dem verschrobenen Mirakelbild und seiner delikaten Geschichte in der Dettelbacher Wallfahrtskirche beschäftigen (s. S. 56 in diesem Buch).

Hölzerner Schreinaltar (um 1500) mit einer Darstellung der „Wurzel Jesse“

Die Tanzlinde von Limmersdorf in belaubtem und unbelaubtem Zustand

Musik in der Baumkrone

Oberfränkische Tanzlinden

Wenn sich die kleine Gemeinde Limmersdorf im Lkr. Kulmbach alljährlich zum letzten Augustwochenende für ihre Kirchweih rüstet, dann ist das kein dörfliches Fest im herkömmlichen Sinn. Art, Ablauf und Mittelpunkt der Festlichkeiten fallen aus dem üblichen Rahmen und beweisen uns erneut und zum wiederholten Male: Franken ist in vielen seiner Facetten und Eigenheiten immer ein wenig anders, ist etwas Besonderes und für reizvolle Überraschungen gut — „Franken, wie es kaum jemand kennt!“

Zentrum des Kirchweihfestes ist die Linde, die in direkter Nachbarschaft zur St. Johanneskirche steht. Über 350 Jahre soll sie schon erlebt haben. Dass Linden in alter Zeit Versammlungsplätze waren, sehr oft den düsteren und bedrückenden Aufgaben der Rechtsprechung dienten, beschreiben wir an einer anderen Stelle dieses Buches ausführlicher (vgl. S. 146). In einigen oberfränkischen Ortschaften hat sich aus der Vergangenheit aber auch die heitere Seite des Lindenbaums erhalten: man benutzt sie als Treffpunkt für Tanz und Spiel, Fest und Feier und erfreut sich des Schattens und der lauschigen Atmosphäre, die sie spendet. Eine Eigenart aber sind jene Linden, die man über Jahrzehnte und Jahrhunderte durch untergeschobene Holzgerüste in ihrem Wachstum so geleitet hat — man

Von der Tanzlinde in Langenstadt/Lkr. Kulmbach, ist nur das steinerne Stützgerüst aus acht toskanischen Säulen (1784) geblieben. Die Linde wurde vor Jahren neu gepflanzt

An der Tanzlinde von Peesten/Lkr. Kulmbach, kann man die einstige Konstruktion noch gut erahnen: eine steinerne Wendeltreppe führt ins Geäst hinauf, der Tanzboden ruhte auf viereckigen Säulen

spricht deshalb von „geleiteten Linden" — dass sie nicht nur ein weit ausladendes Schutzdach bildeten, sondern durch Überbretterung des Untergestells sogar eine Tanzfläche in der Baumkrone boten. Solche „Tanzlinden" sind, wenngleich nicht mehr in Benutzung, auch in Peesten und Langenstadt erhalten geblieben, nur wenige Kilometer von Limmersdorf entfernt. Vergleichbar ist auch der Tanzanger von Ebersdorf bei Ludwigstadt im Lkr. Kronach; dort allerdings tanzt man auf gestampftem Lehmboden vor der Linde, in die man ein „Angerhaus" gebaut hat, einen Bretteraufbau, der unten die Schankbude und oben die Musikanten beherbergt Die Ebersdorfer Angerkirchweih unter der Linde ist seit 1658 nachweisbar.

Die Limmersdorfer Tanzlinde soll, so vermutet die Ortschronik, wohl zur gleichen Zeit gepflanzt worden sein, also nach dem Dreißigjährigen Krieg. Ein knappes Jahrhundert später setzte man unter das Geäst das Holzgerüst, um die Äste nach außen zu führen, legte es auf steinerne Pfeiler — einer von ihnen trägt im Kapitell die Jahreszahl „1728" — und fertigte damit die erste „Tanzbruck". Mindestens seit der 1. Hälfte des 18. Jh. also darf die „Lindenkirchweih" als gesichert gelten. Heute ist der stattliche Baum über 16 Meter hoch, sein Stamm rund 5 Meter dick.

Zwar beginnt die Kirchweih schon am Freitag mit dem traditionellen „Krenfleischessen" — „Kren" ist ein oberfränkischer Ausdruck für Meerrettich — und einem Kirchenkonzert mit nachfolgendem Bieranstich unter der Linde am Samstag. Der offizielle Teil und die Wiederbelebung des alten Brauchtums aber ist dem Kirchweihsonntag überlassen, wenn um die Mittagszeit

Der Tanzanger von Ebersdc
Lkr. Kronach, ist 1657 erstm
schriftlich erwähnt

oben:
Geleitete Linde in Leutendorf, Lkr. Coburg
unten:
Besonders bekannt ist die weit auskragende geleitete Linde von Effeltrich, Lkr. Forchheim

die vier „Plootzbum“ mit ihren vier „Plootzmadla“ im Rahmen eines Festzuges zuhause abgeholt und zur Linde geführt werden.

Die jungen Leute müssen ledig sein, so schreibt es die Überlieferung vor, die von einem 1982 gegründeten Verein überwacht und gepflegt wird, der auch dafür sorgt, dass jedes Jahr je vier Platzburschen und -mädchen zur Verfügung stehen. Diese haben dann schon vor dem Beginn der Kirchweih dem amtierenden Bürgermeister ihre Absicht kundzutun, dass sie den „Plootz“ veranstalten wollen. Vor den Häusern der acht jungen Leute wird jedes Mal getanzt und die gesamte Kirchweihgesellschaft bewirtet. Im Zug wird ein blumengeschmückter Hammel und ein „Biersprenger“ mitgeführt, eine mit Bier gefüllte Gießkanne, die allernotwendigstem Durst abhelfen soll.

Nach Ankunft des Festzuges an der Tanzlinde tanzen die vier Paare unter der Linde dreimal rund um den Baum. Die Platzburschen und - mädchen suchen sich dann neue Tanzpartner aus dem Kirchweihvolk und schenken ihm oder ihr das mitgebrachte Blumensträußchen. Dann geht es mit lauten „Kerwajuchzern“ hinauf ins Blätterdach auf die Tanzbruck, die immerhin vier Meter über dem Erdboden liegt, wo die vier Platzpaare zu rasanten Polkaklängen das Tanzbein schwingen, ehe sich die

Rangfolge auflöst und jeder der Lust hat und aufgefordert wird, am Tanz im Lindenbaum teilnehmen kann. Rund um den Baum wird gesungen, gefeiert, gegessen und getrunken, und wer sein Geschick beweisen will, kann sich am Kegelwettbewerb auf der Sandbahn beteiligen.

Die Kirchweih ist mit dem Sonntag keineswegs beendet, sondern zieht sich auch über den Montag- und Dienstagabend hin. An diesem letzten Tag des großen Festes wird, wenn die Nacht allmählich hereinbricht und das Durchhaltevermögen der Feiergemeinde nachlässt, von einem „Ureinwohner", der als „Kerwapfarrer" fungiert, eine Predigt gehalten, in der er die vergangenen Tage und ihre Ereignisse Revue passieren lässt — an humorvollen Geschehnissen wird es sicher nicht mangeln — ehe unter großer Trauer die Kirchweih begraben wird: man nimmt die „Lizza", die Treppe zum Tanzboden ab und trägt sie weg. Das allgemeine Wehklagen ob des Endes der schönen Kirchweih kann dann eigentlich nur durch ein frisches „Seidla" (oberfränkische Bezeichnung für einen halben Liter Bier) gemindert und getröstet werden …

Den oberfränkischen Linden-Kirchweihfesten vergleichbar sind im unterfränkischen Raum wohl die Plantänze in Gochsheim und Sennfeld nahe Schwein-

oben:
Limmersdorfer Platzburschen und Platzmädchen
links:
Der Senfelder Plantanz

furt. Auf dem Tanzplatz vor dem Rathaus übernehmen die „Planburschen“ die Festgestaltung — in Gochsheim ist das Brauchtum schon seit 1511, in Sennfeld seit dem Ende des Dreißigjährigen Krieges überliefert. Höhepunkt ist das „Gensdrackli aushätschen“, der Tanz der Planburschen mit kleinen Mädchen. Boshafte Zungen behaupten, dieser Brauch sei deshalb entstanden, weil die Tanzpartnerinnen noch Jungfrauen sein müssten …

Hochwasser im Steigerwald?

Ein Hoftor erzählt

Überschwemmung 1909 in Dettelbach, Lkr. Kitzingen

Hochwassermarken findet man allenthalben, wenn man an den Uferzonen mainseitiger Orte promeniert. An den Gebäudeecken überschwemmungsgefährdeter Häuser oder flussseitiger Stadtmauern und -tore ist eine viel sagende Palette von Jahreszahlen aufgereiht, die das jeweilige Ausmaß der Naturkatastrophe erahnen lassen. Besonders am Maintor von Frickenhausen kann man die verschiedenen Hochwasserstände nachvollziehen: schlimme Jahre waren 1909 und 1784; 1845 war der Pegel auch höher als der Torbogen selbst! Einige Meter landseits, innerorts an der Rathaustreppe sind weitere Markierungen angebracht und beweisen, dass der Main immer wieder einmal den halben Ort unter Wasser setzte. Und nur wer am Main lebt, wer nahezu jedes Frühjahr mitbekommt oder gar leidvoll am eigenen Leibe sprich: im eigenen Hause erfährt, wie der Fluss über die Ufer tritt und seine Randzonen unter schlammig-braunes Wasser setzt, kann nachvollziehen, wie schrecklich die Zustände nicht nur in den angegebenen Jahren des Höchststandes gewesen sein müssen. Ein historisches Foto von 1909 zeigt, wie damals ein Junge mit seinem Boot bis vor das Dettelbacher Rathaus paddeln konnte.

Wenn Hochwassermarkierungen entlang eines Flusses also letztendlich etwas „Normales" zu sein scheinen, so verwundert umso mehr, dass es ein solches Erinnerungszeichen auch in einem Ort gibt, der weitab des Maines und jeglichen größeren Gewässers liegt: in Wiesenbronn. Dieses Dorf gehört zum Steigerwaldvorland und liegt im unmittelbaren Bannkreis des Schwanbergs, dessen Nordhang in die Wiesenbronner Gemarkung hineinreicht.

In der Koboldstraße, die in der Verlängerung des Rathausplatzes liegt, steht vor der Hausnummer 7 ein steinernes Pfostentor, wie es für die Baugeschichte des Kitzinger Landes typisch ist. Auf zwei wuchtigen Pfeilern — der eine hat einen derben Radabweiser (volkstümlich und derb „Hundsbrunzer" genannt) — ruht ein behäbigbreiter Querbalken, dessen einzige Zierde eine im runden Mittelbogen gebrochene Profilleiste ist. Die auskragende Abdeckplatte trägt zwei Urnen. Die spärliche und zurückhaltende Dekoration, die Bedeutung solcher Hoftore und ihr Zusammenhang mit der Dreiseitgliederung fränkischer Bauernhöfe wurde in unserem Bildband „Unbekanntes Franken Band I: Hoftore" ausführlich

Hochwassermarken am Maintor zu Frickenhausen, Lkr. Würzburg

Wasserhöhe
Am 21 Mai
1860.
7

beschrieben.

In der Mitte des Sturzbalkens hat sich der Erbauer des Hoftores verewigen lassen: „G.P. Conrad 1852“. Das ist weiter nichts Besonderes, denn sehr viele fränkische Hoftore enthalten solche Hinweise auf die Menschen, denen sie ihre Entstehung verdanken. Was uns frappiert und zu dem verwunderten Ausruf veranlasst: „Das kann doch nicht stimmen!“ ist die Inschrift auf dem linken Stützpfeiler: *„Wasserhöhe Am 21. Mai 1860“*. Nach heutigem Straßenniveau liegt der Markierungspfeil bei immerhin 1,37 m — wie um Gottes Willen soll in einem so flussfernen Dorf des Steigerwaldvorlandes eine derart bedrohliche Wasserhöhe je erreicht worden sein?

Hochwassermarken an den Rathäusern von Frickenhausen, Lkr. Würzburg, und Stadtprozelten, Lkr. Miltenberg

Antwort und Bestätigung liefert uns eine in Wiesenbronn sorgsam aufbewahrte Hauschronik. Ihr Bericht, wenn auch in holpriger Sprache verfasst, ist sehr eindrucksvoll und beweist uns nachhaltig, dass die Dorfbewohner im Jahre 1860 beträchtliche, mehr noch: schreckliche Schicksalsschläge hinzunehmen hatten:

„Anno 1860 da haben wir lauter Regengüsse und Schnee die drei Monate und Kälte. Im April erst hat man die Saat bestellt. Der Mai war anfangs rauh, dann war es warm bis zum 20./21. Mai. Den 21. Mai gab es Gewitter und Kiesel … über Scheinfeld und Rödelsee, am 21. in Wiesenbronn, Castell, Rüdenhausen, Kleinlangheim wieder Kiesel so arg, dass es die Ziegel von den Dächern und die Fenster zusammengeschlagen hat

G. P.
Conrad
1852
7
Koboldstraße
Wasserhöhe
Am 21 Mai
1860.

und es war eine so große Not mit dem Wasser, dass kein Stikkelzaun, keine Mauer, kein Schweinestall, Hoftor und Scheunentor (verschont) auch hat es viele Gebäude ganz verunehrt. Die Leute aber sind auf die Böden oder auf die obere Stub (geflüchtet). In der ganzen Gemarkung sind die Felder so ausgerissen, dass man nicht gewusst hat, wo mancher Acker gewesen war …".

Der am Hoftor gekennzeichnete Hochwasserstand ist also keine Erfindung, sondern beruht auf einer Jahrhundertkatastrophe: die vom Hang des Schwanbergs herunterbrechenden Wassermassen müssen so gewaltig gewesen sein, dass sie zumindest für eine kurze Zeit Wiesenbronn überfluteten und das Erdgeschoss der Häuser in Mitleidenschaft zogen. Doch der Chronist fährt in der Aufzählung der Schrecknisse fort und erzählt, dass man zwischen dem 23. Mai und dem Pfingstfest am 27. Mai „*wieder so Gestürm, Schnee und Kiesel*" habe erdulden müssen. Die Menschen glaubten, schlimmer könne es nicht mehr kommen, doch sie ahnten nicht, dass ihnen das Jahr 1860 noch weitere Prüfungen auferlegen sollte: „*… den 2. Juni wieder so ein Wasser abends und den 3. Juni wieder so ein großes Wasser mittags drei Uhr, den 13. Juni wieder so ein großes Wasser mittags und zur Nacht nach 10 Uhr wieder ein sehr großes Wasser, dass man gemeint hat, es muss nun alles gar zugrunde gehen oder ersaufen; so war ein Jammer und ein Schreien und Weinen, da war alles Feld wieder zerrissen und fortgeführt beinah wie das erste Mal, da kann sich der älteste Mann nicht erdenken, so große Wasser und so oft … schon wieder zu schreiben, dass wir den 26. Juni wieder so Sturm und Kiesel gehabt haben … der Sommerbau zum dritten Mal getroffen und ganz alles verdorben, auch die Bäume mitsamt den Wurzeln herausgerissen … Heu gab es wenig, was noch gut blieb, die Heuernte war kalt und nass. Den 2. August abends wieder so ein Wasser und den 3. August wieder ein so großes Gewitter mit Sturm und Kiesel, den Haber und Weizen ausgeschlagen und die schönsten Bäume herausgerissen und das meiste Obst abgerissen und wieder so ein sehr großes Wasser und acht Tag lauter Regen und Sturm in der Weizenernte, da ist der meiste Weizen ausgewaschen. Auch hat es in meinem Garten einen so großen Pappelbaum mitsamt den Wurzeln herausgerissen, auch haben die Weinberge wieder Schaden gelitten mit Kieseln.*" Die mäßigen Ernten wirkten sich in teueren Preisen aus und, was für eine Winzergemeinde besonders schlimm war und heute noch ist, „*Most gab es beinahen gar keinen und war sehr sauer*".

Die Hochwassermarke am Hoftor ist für den flüchtigen Betrachter, falls er sie überhaupt bemerkt, auf den ersten Blick eine wundersame Befremdlichkeit.

Geht man der Sache nach und macht man sich die Tragweite des authentischen Berichts, das Leid und die Not der Menschen im Jahre 1860 bewusst, dann erst kann man wieder einmal die Erkenntnis bestätigt finden, wie kleine Merkzeichen auf weit reichende Ereignisse hinweisen können — wenn man ihnen bewusst begegnet und offenen Auges durch Franken geht.

IVLIVS·DEI·GRAT
PVS·VVIRCEBVRGE
FRANTIÆ·ORIENT
DVX·15·86·

Publicrelations im 16. Jahrhundert

Die seltsamen Inschrifttafeln des Julius Echter

Julius Echter von Mespelbrunn regierte das Fürstbistum Würzburg von 1573 bis 1617. Er war eine überaus starke und eigenwillige Persönlichkeit mit weit reichender, die Jahrhunderte überdauernder Wirkung. Recht treffend hat ihn ein Historiker unserer Tage so beschrieben: „Glänzend gebildet, willensstark bis zur Gewalttätigkeit, fähig, ein zentralistisches Regiment im Hochstift durchzusetzen, energisch in der Verwirklichung seiner Absichten, vom Versuch beseelt, auch die Reichsritterschaften zu Landsassen herabzudrücken, Wirtschafts- und Finanzpolitiker von hohen Graden, Bildungspolitiker, Universitätsgründer, auf die Wohlfahrt der Untertanen bedacht, sich für deren Seelenheil verantwortlich dünkend und doch stets auch die weltliche Wirklichkeit seines Hochstifts im Auge, stellt sich Julius Echter als eine der herausragenden Gestalten der Zeit des 16. und beginnenden 17. Jh. dar ...“.

Wer heute durch die mainfränkischen Lande fährt, wird in vielen, sehr vielen Orten spitze Kirchtürme entdecken, die man im Volksmund als „Echter-Nadeln“ bezeichnet. Zwar gibt es diese Form des Turmdaches auch in anderen Gegenden Deutschlands, doch sicher nicht in dieser gehäuften Form auf engstem Raum. Der Grund liegt in der rastlosen Bautätigkeit Julius Echters, der während seiner 44-jährigen Regierungszeit in allen Teilen seines Herrschaftsgebietes bauen und umgestalten ließ. Kirchen fanden sein vorrangiges Interesse, doch auch Spitäler, Zehnthöfe, ja sogar Rathäuser wie das von Sulzfeld am Main, das er 1609 auf eigene Kosten und als Machtdemonstration für das auf der gegenüberliegenden Mainseite befindliche evangelisch-ansbachische Städtchen

großes Bild links:
Die Westfront der Wallfahrtskirche mit Portal und Volutengiebel ist die „Schauseite“ der Dettelbacher Wallfahrtskirche. Julius Echter nutzte die Marienwallfahrt als willkommenes Mittel seiner gegenreformatorischen Bemühungen
kleines Bild:
Der Würzburger Fürstbischof Julius Echter von Mespelbrunn auf einem Gemälde von 1586 im Alter von 41 Jahren. Er regierte das Fürstbistum Würzburg von 1573 bis 1617 — also mehr als vier Jahrzehnte

Inschrifttafel von 1614, Dettelbach, Lkr. Kitzingen

Marktsteft in prachtvollen Renaissanceformen errichten ließ, gehören dazu.

Was der dynamische Fürstbischof anpackte und in die Tat umsetzte, sollte seiner Meinung nach auf lange Zeit, über das Menschengedenken hinaus Bestand haben. Es gibt vielfältige Beispiele aus ganz unterschiedlichen Bereichen, die dieses Vorausdenken Echters beweisen und zugleich seine Weitsicht dokumentieren. So erließ er Mustersatzungen für die Flurgeschworenen, um die Arbeit und Ernte in Wald, Wiese und Flur zu regeln; diese Siebenerordnungen sind überall in Mainfranken bekannt geblieben, oft noch im Original erhalten und sogar in Benutzung. Ein anderes Beispiel ist die Waldordnung, die er für seine Region erließ, denn sie hielt zusammen mit einer systematischen Versteinung der Grenzen die Waldbestände bis ins 18. Jh. hinein unangetastet.

Am deutlichsten, weil am sichtbarsten aber sind die ungezählten Baumaßnahmen im Bewusstsein der Menschen verhaftet. Damit jeder Besucher eines Gotteshauses, eines Spitals oder Zehnthofes wusste, wer der edle Geldgeber, Initiator und Ideenspender war, ließ Echter von seinem Baubüro Inschrifttafeln entwerfen, die Baudatum, Anlass und seine eigenen Verdienste gebührend für die Nachwelt dokumentierten. Für die Wallfahrtskirche von Dettelbach — in diesem Zusammenhang ein Sonderfall — mussten sogar zwei Texttafeln angefertigt und farbig gefasst werden; der Steinmetz Peter Meurer, so der Wortlaut des schriftlich überlieferten Baubefehls von 1614, habe „*die beeden Tafeln zu verfertigen und die Schrifften sauber einzuhauen*“ und dass er „*uf beede Seithen neben das Porthal sie versetzen thue und hernach sie einem Maler zu malen und einzufassen verdinge*“.

Der langen Rede kurzer Sinn: Echter trug dafür Sorge, dass nicht nur seine Bauten lange Zeit Bestand haben sollten, sondern auch sein Name, sein Ruhm und sein Werk über Jahrzehnte und Jahrhunderte der Nachwelt überliefert würden. „Publicrelations“ nennen wir das heute, doch auch wenn Fürstbi-

Inschrifttafel von 1597, Rothenfels, Lkr. Main-Spessart

Inschrifttafel, wohl von 1615, Althausen, Lkr. Rhön/Grabfeld

schof Julius diesen Begriff gar nicht kannte, wusste er intuitiv sehr genau, wie man wirksam Werbung für sich selber macht.

Dieser Eindruck bestätigt sich auf überraschende Weise, wenn man offenen Auges über Land fährt und an fast allen Echterbauten ähnliche Inchrifttafeln findet! Es ist heute nahezu unmöglich geworden, alle Orte und Bauwerke zu benennen, an denen der überaus selbstbewusste Landesherr auf solch steinernen, farbig gefassten Tafeln ungeniert sein eigenes Lob verbreiten ließ. Nur einige Beispiele brauchen zitiert werden, um zu überraschenden Erkenntnissen zu gelangen. Vergleichen wir zunächst zwei Texte aus Heugrumbach und Unterleinach miteinander:

Heugrumbach (Lkr. Main-Spessart):

„Funfzehenhundert siebenzig drei man zehlt
Als Julius Bischof werd erwehlt
Und er volnbracht im Regiment
Dis zeigen an viel Monüment
Wies man vor augen dan hie seht
Dies Kirch von Ihm gantz neugebaut
Ein treuer hirth ist er geweßen
Bei deme viel taußent seelen genesen.
1614"

(An der Pfarrkirche)

Unterleinach (Lkr. Würzburg):

„Fünnfzehenhundert sieben drei man zehlt
Als Julius Bischoff ward erwehlt
Was er volnbracht in Regiment
Dis zeigen an viel Monument
Wie man vor augen dan hie schaut
Dies Kirch von Im gantz Neu gebaut
Ein treuer hirt ist er gewesen
Bei dem viel tausend seelen genesen.
1615"

(An der Pfarrkirche)

Zweimal weit gehend derselbe Text also — man hat vor allem die Jahreszahl ausgetauscht! Aber damit nicht genug: gleich lautende Inschriften finden wir außerdem an der Pfarrkirche von Opferbaum (Lkr. Würzburg) und am Treppenturm im Innenhof der Trimburg (Lkr. Bad Kissingen). Angesichts der zahlreichen Bauten Echters kann man sicher sein, dass diese Aufzählung unvollständig ist und es mit hoher Wahrscheinlichkeit weitere Vergleichsbeispiele gibt.

Die Austauschbarkeit der Texte, die sich in der Regel nur durch den Ort, das restaurierte Gebäude und die Jahreszahl unterscheiden, vielleicht noch durch textliche Nuancen, ist auch an folgenden Beispielen nachvollziehbar:

Gössenheim (Lkr. Main-Spessart):

„JOSEPH ERHOHT ZU FURSTEN STAND
BAUT SCHEUREN IN EGIPTENLAND
DAMIT DAS VOLCKH IN HUNGERS NOTH
DARAUS MÖG HAN NAHRUNG UND BROT
DIES FRUCHTHAUS UND VIL ANDER MEHR
BAUT JULIUS BISCHOF HIN UND HER
DEM ARMEN UNDERTHAN ZV NUTZ
GOTT HALT DIESEN JOSEPH IN SEIN SCHUTZ. 1614"

(Am Zehnthaus)

Am Amtshaus von Wipfeld (Lkr. Schweinfurt) und an der Zehntscheuer von Homburg (Lkr. Main-Spessart) finden wir auch in diesem Falle gleichartige Texte. Und es ist nicht schwer, die Austauschbarkeit der „Textschablonen" quer durch Mainfranken an weiteren Beispielen zu beweisen.

Wenn man bedenkt, dass Julius Echter in seiner Regierungszeit rund 200 Baumaßnahmen größeren und kleineren Umfangs initiierte und er in den allermeisten Fällen eine solche Inschrifttafel hinterließ, ist die Schlussfolgerung nicht schwer, dass es sich um eine gezielte, zentral gelenkte Aktion handelte. Die Ähnlichkeit der Texttafeln lässt den zwingenden Schluss zu, dass sie in Serie vorgefertigt wurden, man ca. ein Dutzend stereotyper Textschemata besaß, wobei man sich in den meisten Fällen die Mühe gab, den gleichen Text nicht gerade im Nachbarort, sondern erst in größerer Entfernung wieder auftauchen zu lassen.

Inschrifttafel von 1607, Iphofen, Lkr. Kitzingen

Inschrifttafel von 1615, Großeibstadt, Lkr. Rhön/Grabfeld

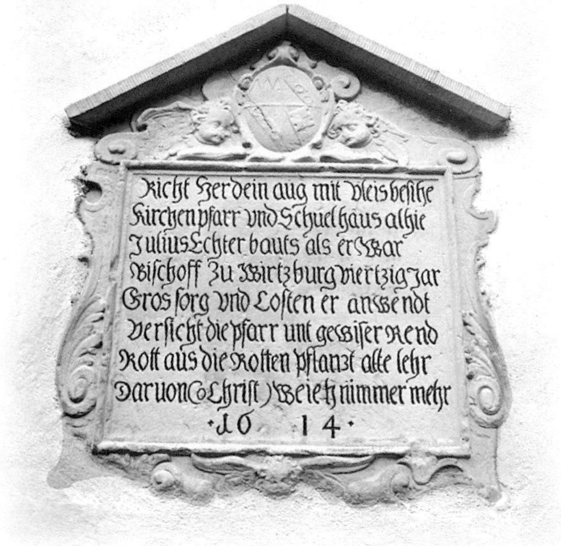

Inschrifttafel von 1614, Grettstadt, Lkr. Schweinfurt

Zweifellos war Julius Echter ein genialer Regent mit außergewöhnlichem Weitblick. Die Härte seiner Gegenreformation bekamen die protestantischen Mitbürger aber voll zu spüren, so dass seine Person durchaus zwiespältig beurteilt werden muss. Die Intoleranz gegenüber der neuen lutherischen Konfession ließ Echter deshalb oft und unmissverständlich in seinen Bautafeln durchblicken; eine Inschrift in Großeibstadt (Lkr. Rhön/Grabfeld) ist dabei die maßvolle Version:

„Bischoff Julius von Gott gesandt
Zu nutz und Schutz dem Vatterlandt
Mit grossem eyfer hat bekertt
Zum alten glauben seine Herdt … 1615“.

Unverblümter und härter ist da schon die Formulierung, wie wir sie in Grettstadt, Lkr. Schweinfurt an der Kirche lesen können:

„Richt her dein aug mit Vleiß besihe
Kirchen Pfarr und schuelhaus alhie
Julius Echter bauts als er war
Bischoff zu wirtzburg viertzig jar
Groß sorg und Costen er anwendt
versicht die pfarr mit gewiser Rend
Rott aus die Rotten pflanzt alte lehr
Darvon o christ weich nimmer mehr.
1614“

Bedarf diese Inschrift eines weiteren Kommentars?

Bonnland und Hundsfeld

Die Dörfer im Bannland

Erntedankfest und Allerheiligen sind für einige hundert Menschen unserer Heimat alljährlich besondere Feiertage. Zu diesen beiden Terminen steht ihnen der Zugang offen für eine kurze Rückkehr in ihr Heimatdorf. Sie besuchen die Stätte ihrer Kindheit, suchen das Haus auf, in dem sie gelebt haben, erinnern sich ihrer Eltern, ihrer Angehörigen und Verwandten, ein Gang in die Dorfkirche und vor allem auf den Friedhof ist unerlässlich. Die Mienen dieser Menschen sind zwar fröhlich, aber auch nachdenklich, vielleicht sogar traurig. In manchen Gesprächen schwingt wohl ein wenig Verbitterung und Vorwurf mit.

Die Rede ist von den ehemaligen Bewohnern der Dörfer Bonnland und Hundsfeld, die südlich von Hammelburg im Truppenübungsplatz liegen und während des Jahres nicht zugänglich sind — nur an den genannten Tagen. Die Rückkehr in die alte Heimat ist eine selbstverständliche Pflicht, und jeder, den nicht gerade Krankheit oder Gebrechlichkeit ans Bett fesseln, wird die Stunden in seiner Heimat zubringen, so lange sie geöffnet ist.

Wie konnte eine so widersinnige, fremdartige Situation entstehen? Die Vorgeschichte ist lang und zieht sich über mehrere Jahrzehnte hin, versetzte die Menschen in ein unvorstellbares Auf und Ab der Gefühlswelten. Beide Dörfer sind fränkische Gründungen — Bonnland wird 780 erstmals schriftlich erwähnt, Hundsfeld wurde 753 genannt — und können auf eine mehr als 1200-jährige Geschichte zurückblicken. Trotz aller Notzeiten und Kriegsläufe aber war das letzte

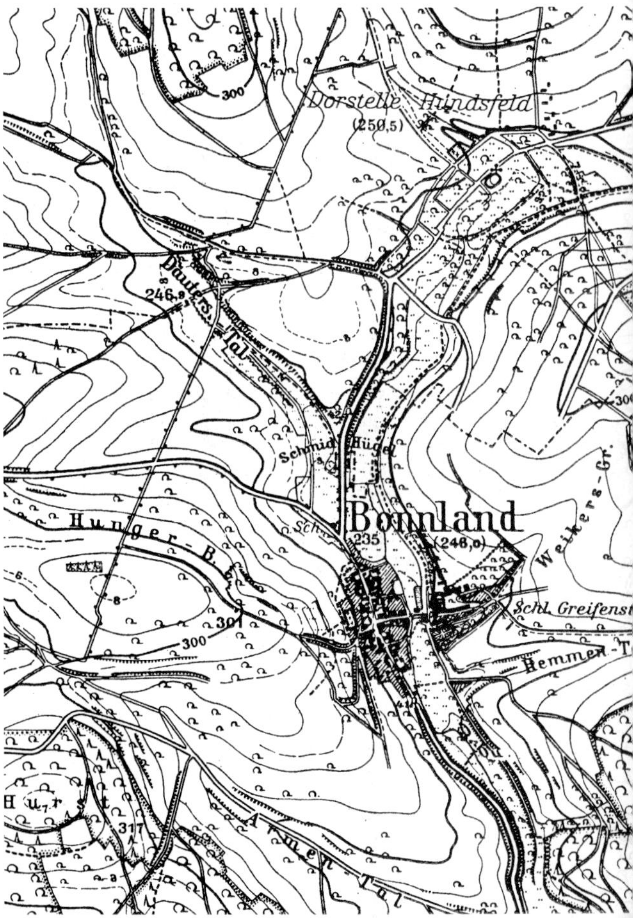

„Tag der offenen Tür“ am Erntedankfest:
Dorfstraße und Kirche erwarten die Besucher

Jahrhundert das gravierendste, denn es brachte für Menschen, Haus und Hof einschneidende Veränderungen.

1893 richtete das bayerische Kriegsministerium einen Übungsplatz für die Truppen des 2. Armeekorps ein. Es ist heute nicht mehr umfassend zu erklären, warum man gerade dieses Gebiet südlich von Hammelburg wählte und Bonnland und seine Nachbargemeinden zwang, wertvolles Ackerland abzutreten, um ein Schießgelände anzulegen. Von den 930 Tagwerk gaben die Bonnländer Bauern nahezu die Hälfte, nämlich 430 Tagwerk ab. Für einige Höfe bedeutete es das Aus, die Menschen zogen in andere Orte und suchten sich Arbeit in der Industrie.

1918, nach dem Ende des I. Weltkriegs, wurde der Übungsplatz Hammelburg zwar nicht aufgelöst, doch die Bonnländer bekamen dank zäher Verhandlungen ihr Ackerland wieder zurück — wenn auch nur pachtweise. Die militärischen Einrichtungen auf der Flur brach man ab, das Gelände konnte wieder bestellt werden. Wie es schien, war eine kurze Periode der Verunsicherung vorüber und wieder Normalität im Alltagsleben und -arbeiten eingekehrt.

Nach der Machtergreifung durch Adolf Hitler und den zügigen Ausbau der Wehrmacht erhielt auch das Truppenübungslager wieder verstärkte Bedeutung und es wurde Garnison des 57. Infanterieregiments. Wie die Ortschronik von Bonnland berichtet, sei der militärische Verkehr durch das Dorf immer reger und unerträglicher geworden. Militärfahrzeuge und -gerät machten sich auf den Äckern und Wiesen breit und es kam sogar vor, dass die Soldaten im Dorf den Häuserkampf übten, ohne Rücksicht auf die Menschen zu nehmen, die hier lebten. Wie ein verheerender Blitz schlug 1936 in Bonnland und Hundsfeld das Gerücht ein, dass man in Berlin plane, beide Dörfer zu räumen und die Bewohner umzusiedeln. Die Empörung und das Entsetzen waren groß, die Möglichkeiten des Widerstands aber gering. Die

Ehemalige Bonnländer und ihre Familien auf dem Rundgang durch ihr einstiges Heimatdorf

beiden Bürgermeister verfassten eine Resolution, dass alle Bonnländer und Hundsfelder „im Dienst der Ernährung unserer Volksgenossen und zum Wohl des Vaterlandes ... wenn auch nicht freudig, so doch ohne Murren bereit (sind), dieses Opfer auf uns zu nehmen ... wir bringen ... das von uns verlangte Opfer gern und werden uns ohne Zögern jeder Anordnung fügen, nachdem erst in den letzten Tagen erneut festgestellt wurde, dass eine Änderung des Planes, d.h. ein Belassen der beiden Ortschaften nicht in Frage kommen kann". Diese Aussagen mögen heute in unseren demokratisch so sehr geschärften und emanzipierten Ohren allzu willfährig klingen — doch wer darf sich anmaßen, darüber zu urteilen? Angesichts des massiven Drucks von oben waren die Einflussmöglichkeiten gleich Null, rasch erkannte man die Nutzlosigkeit des Widerstands und drängte dann sogar darauf, dass die Umsiedlung rasch erfolgen solle.

Am 18. April 1937 fand im örtlichen Gasthaus „Zum Greifen" die entscheidende Bürgerversammlung statt. Heftig diskutierten die Bonnländer mit den anwesenden NSDAP-Funktionären und scheuten sich auch nicht, ihrem Unmut, ihrer Enttäuschung und ihrer Angst vor einer ungewissen Zukunft freien Lauf zu lassen. In der Zusammenkunft wurde zudem bekannt, dass das Schlossgut von Gleichen-Rußwurm samt des dazugehörigen Schlosses Greifenstein enteignet würde. Immerhin setzte man durch, dass die Umsiedlung in unterfränkische Orte zugesagt wurde. Die Bürger wählten ein vierköpfiges Gremium, das im Namen aller den neuen Wohnsitz aussuchen sollte — was für ein Auftrag! Ähnliche Verhandlungen fanden zur gleichen Zeit auch in Hundsfeld statt.

Im Mai 1937 entschieden sich die gewählten Bürgervertreter von Bonnland für die Orte Wässerndorf und Gnötzheim im Lkr. Kitzingen, die von Hundsfeld für das Gut Rothof nahe Rottendorf im Lkr. Würzburg. Doch der ursprünglich gedachte Umzug der jeweils kompletten Dorfgemeinschaft realisierte sich nicht — in beiden Orten entschieden sich Familien anders und zogen in andere Orte Unterfrankens. Zwölf Bauernhöfe standen schließlich in Wässerndorf

Schloss Greifenstein ob Bonnland steht heute leer und wird nur hin und wieder für Repräsentationsanlässe der Bundeswehr genutzt

und fünf Gebäude im nahe liegenden Winkelhof für die Bonnländer bereit; nach Rothof sollten fünfzehn Bauernfamilien aus Hundsfeld ziehen. Alle Ausgesiedelten erhielten geringe Entschädigungen für Holz- und Hutrechte, die Gemeindevermögen flossen den zuständigen Landkreisen Karlstadt bzw. Hammelburg zu.

Die Gesamtmaßnahme der Umsiedlung übernahm die „Reichsumsiedlungsgesellschaft“, und das nun Zug um Zug und unerbittlich. Aus Bonnland waren 280, aus Hundsfeld 550 Menschen zu verlegen. Im Herbst 1937 verließen die ersten Familien ihr Dorf. Bonnland stand weit gehend leer, als am 1. April 1938 die nach Wässerndorf ziehenden Familien ihre Häuser verließen; Hundsfeld wurde wenig später am 20. April geräumt. Damit schien die mehr als 1200-jährige Geschichte zweier traditionsreicher Bauerndörfer ein überaus tragisches Ende gefunden zu haben. Erna Hillenbrand, die den Auszug aus ihrem Heimatdorf Hundsfeld als Kind erlebte, berichtet davon so: „Bitterkalt war es gewesen am 15. Dezember 1937. Der Tag ist in meinem Gedächtnis haften geblieben. Die Leute, die noch nicht umgezogen waren, standen an den Straßenrändern und winkten. Jeder weinte. Es war einfach schlimm. Wir fuhren mit allem, was wir mitnehmen konnten, sogar Heu und Stroh hatten wir dabei. Was wir nicht mehr brauchten, verkauften wir, so wie die anderen, an die Bauern der Nachbardörfer. Beim Umzug bin ich sehr krank geworden, und es hat vier oder sechs Wochen gedauert, bis ich in Vögnitz, meinem neuen Heimatort, die Schule besuchen konnte. Meine Mutter konnte sich nie so recht in Vögnitz eingewöhnen. Sie hatte immer großes Heimweh nach Hundsfeld ...“. So und ähnlich ist es damals sicherlich allen Menschen aus Bonnland und Hundsfeld ergangen.

Als besonderen Verlust empfanden die Bonnländer die Enteignung

Die ehemalige Dorfstelle Hundsfeld mit den vier 1950 errichteten Höfen

„ihres“ Schlossherrn Alexander von Gleichen-Russwurm. Schloss Greifenstein, das schon im 15. Jh. genannt wird und ursprünglich den Herren von Thüngen gehörte, wurde 1525 im Bauernkrieg zerstört und danach in seinem heutigen Erscheinungsbild eines Renaissancebaus wieder errichtet. Im 17. Jh. wechselten Dorf und Schloss den Besitzer und gelangten in die Hände der Freiherren v. Gleichen-Russwurm. Was diese unter den fränkischen Adelsgeschlechtern wenig bekannte Familie in ihren letzten Generationen dann doch berühmt gemacht hat, war ihre zunächst freundschaftliche und dann verwandtschaftliche Beziehung zu Friedrich Schiller.

Des Dichters Ehefrau Charlotte von Lengenfeld war schon lange vor ihrer Heirat mit Friederike Sophie Dorothea von Holleben befreundet, der späteren Gattin des Bonnländer Schlossherrn Wilhelm Heinrich Carl von Gleichen-Russwurm. Auf diese Weise lernte Schiller die adelige Familie und ihren Wohnsitz recht gut kennen und war immer wieder in Bonnland zu Gast. Schillers viertes

Totengedenken der ehemaligen Hundsfelder auf dem leer geräumten Friedhof

Kind, seine von ihm besonders geliebte Tochter Emilie Henriette, wurde 1804 geboren. Sie erlebte ihren Vater nicht mehr bewusst, denn er starb am 9. Mai 1805, als sie noch nicht einmal ein Jahr zählte. Während ihrer Kindheit und Jugendzeit kam sie auch nach Bonnland und lernte die befreundete Familie derer von Gleichen kennen. Dabei begegnete sie auch Adalbert von Gleichen, einem Sohn von Wilhelm; sein Pate war ihr Vater Friedrich Schiller gewesen. Die beiden lernten sich zögernd schätzen und lieben und heirateten 1828. Emilie von Gleichen-Russwurm — von den Bonnländern liebevoll das „Schillerfräla“ genannt — nahm sich Schloss Greifensteins an und versuchte es neu zu beleben; die Eltern ihres Mannes lebten nur zeitweise und nur im Sommer hier, denn im Winter war es in dem alten Gemäuer bitterkalt. Als wichtigste Aufgabe sah sie es an, den Nachlass ihres Vaters zu ordnen, was sie auch mit großer und penibler Hingabe und erfolgreich tat. So kümmerte sie sich auch um die Sortierung seiner Briefwechsel und bemühte sich um eine Veröffentlichung. 1872, als sie der Kälte des Schlosses entfloh und den Winter in Würzburg verbringen wollte, starb sie dort am 19. November im Alter von 68 Jahren. Auf dem Bonnländer Friedhof ist sie zusammen mit ihrem Mann, ihrem einzigen Sohn Ludwig Heinrich und ihrer Schwiegertochter begraben. Ihr Enkel Alexander von Gleichen-Russwurm war der letzte seines Geschlechts, der Urenkel Friedrich Schillers. Er war jener Schlossherr auf Greifenstein zu Bonnland, als 1936-1938 die geschilderten Schicksalsschläge das Dorf heimsuchten und zu seiner Räumung führten. Der Freiherr sicherte sich bei seinem Weggang vor allem all jene wertvollen Dokumente, die an seinen Urgroßvater Friedrich Schiller und seine Großmutter Emilie erinnerten. Er zog nach Baden-Baden um, wo er 1949 starb.

Der zweite Weltkrieg zog übers Land, er ging verloren, die Wehrmacht war aufgelöst und an eine Wiederbewaffnung dachte verständlicherweise vorerst niemand. Während des Krieges war Hundsfeld völlig geräumt, Bonnland aber keineswegs menschenleer. Zu Dienstleistungen für das stationierte Militär, die Betreibung der Gastwirtschaft und die Verwaltung des Schlossgutes waren sieben Familien hier geblieben. Nach Kriegsende kamen amerikanische Truppen und unterhielten eine Zeit lang auf dem Gelände ein Internierungslager für NSDAP-Angehörige. In Bonnland aber kamen zahlreiche Flüchtlingsfamilien an, Heimatvertriebene und Evakuierte, für die der weit gehend leere Ort eine willkommene neue Bleibe war. Auch aus der direkten Umgebung waren Zuzüge zu registrieren. Sogar acht „Ur-Bonnländer" Familien waren darunter. Innerhalb kurzer Zeit wuchs die Bevölkerung auf 560 Menschen an. Die von den übenden Truppen beschädigten Häuser und zerstörten Äcker mussten wieder hergerichtet werden. Haus, Hof und Land aber waren lediglich zur Pacht vergeben und kein Eigentum der neuen Siedler.

Das benachbarte Hundsfeld jedoch blieb leer, eine Wiederbesiedlung wurde von der damaligen Militärregierung nicht erlaubt. Ganz im Gegenteil: man gab das leer stehende Geisterdorf zum Abbruch frei, so dass es als kostenloser Steinbruch für den Hausbau in Bonnland und anderen Nachbargemeinden benutzt wurde. Auch vor der Kirche machte man nicht Halt, so dass sie einige Jahre lang wie ein Schrecken erregendes Mahnzeichen, als drohende Ruine in der Landschaft stand. 1950 aber schien sich eine Wende zum Guten zu ergeben. Die Bundesvermögensverwaltung kündigte an, dass man das Ruinenfeld Hundsfeld neu beleben wolle. 40 Höfe sollten entstehen, die je zur Hälfte von ehemaligen Bewohnern und von Neusiedlern genutzt werden könnten. Zunächst ging man wirklich daran, die ersten vier Gehöfte zu bauen — die Hoffnung, nach Bonnland könne auch Hundsfeld wieder erstehen, schien sich zu bewahrheiten.

Doch weit gefehlt. Trotz verschiedener Verhandlungen und politischer Initiativen wurden nicht einmal die vier neuen Siedlerstellen ganz zu Ende geführt. Die versprochene Wiederbesiedlung Hundsfelds stockte schon im Ansatz, und sehr rasch merkten die Betroffenen, dass es beim

Bonnländer Grabsteine auf dem neuen Friedhof von Wässerndorf

Der neue Bonnländer Friedhof mit der modernen Michaelskirche in Wässerndorf

Versprechen bleiben würde. 1955, so deutete in jenen Tagen ein Zeitungsbericht an — der Berichterstatter hatte sich Informationen in Bonn selbst besorgt — war an eine Weiterführung nicht mehr zu denken, denn man plante eine Erweiterung des Truppenübungsplatzes für die im gleichen Jahr im Bundestag beschlossene Gründung der Bundeswehr; von 1957 an sollte die allgemeine Wehrpflicht wieder eingeführt werden. Die Geschichte des Dorfes Hundsfeld war nun offenkundig und unwiderruflich an ihrem Ende angelangt.

Die Jahre nach 1955 brachten eine endgültige Räumung des Ruinenortes. Auch die Reste der Dorfkirche wurden beseitigt. Die vier neuen Gehöfte blieben stehen und sollten den Soldaten zum Häuserkampf dienen. Immerhin blieb der Friedhof verschont; die Grabsteine wurden hergerichtet und in die Umgebungsmauer eingelassen, in der Mitte des Areals ein hohes Holzkreuz aufgerichtet.

In Bonnland war inzwischen ein neues Gemeindeleben gewachsen, Vereine bildeten sich, die Feuerwehr wurde gegründet, man feierte Kirchweih und das Gasthaus „Zum Greifen“ war ein beliebter Treffpunkt. Doch die ruhige Beschaulichkeit währte nicht lange. Schon 1951 kamen Gerüchte auf, die Amerikaner planten eine Vervierfachung ihres Übungsplatzes Hammelburg und wollten deshalb nicht nur Bonnland und Hundsfeld, sondern noch weitere Randgemeinden des Geländes räumen lassen; insgesamt wären 33 Dörfer betroffen gewesen. Die Empörung und das Entsetzen waren groß. Resolutionen wurden verfasst, Kundgebungen abgehalten, politische Gespräche geführt — das Damoklesschwert, das über mehr als 5000 Menschen der Gegend geschwebt hatte, konnte genommen werden.

Im Mai 1956 räumten die Amerikaner den Truppenübungsplatz Hammelburg, um den Platz für die Bundeswehr frei zu machen. Erneut schwirrten Gerüchte durch die Lokalpresse, das Gelände solle auf seine Größe der 30er-Jahre erweitert werden, an eine Weiterbesiedlung von Hundsfeld sei nicht mehr zu denken, und Bonnland müsse ein zweites Mal in seiner Geschichte geräumt werden. Aus Vermutungen wurde Wirklichkeit: noch im gleichen Jahr unterbreitete man den Bonnländern die Möglichkeit der freiwilligen „Absiedlung“ — der Auszug begann. Im Laufe der Folgejahre verschaffte man den Einwohnern Ersatzwohnraum in der Nähe ihrer Arbeitsstellen, Landwirte wurden auf auswärtigen Bauernhöfen untergebracht. Pacht- und Mietverträge wurden Zug um Zug gekündigt, das Dorf entleerte sich mehr und mehr von Menschen. Am 14. Januar 1956 verließen die letzten Bonnländer ihr Dorf.

Heute ist Bonnland ein Übungsdorf für den Straßen- und Häuserkampf der Soldaten. Entstandene Beschädigungen werden umgehend von Handwerkern wieder beseitigt, so dass sich der Ort — vor allem vor den beiden Besuchstagen der Ehemaligen — in makellosem Glanz zeigt. Unnatürlich ist lediglich, dass keines der Häuser Fensterscheiben besitzt; die Fenster sind mit Klappläden verschlossen. Im ehemaligen Rathaus residiert die Einsatzzentrale der Bundeswehr, ein Major fungiert als „Bürgermeister“ von Bonnland. Er hat auch die Schlüsselgewalt über Schloss Greifenstein, das ebenfalls hergerichtet wurde, für die Öffentlichkeit aber nicht mehr zugänglich ist. Die Kirche wurde innen und außen restauriert,

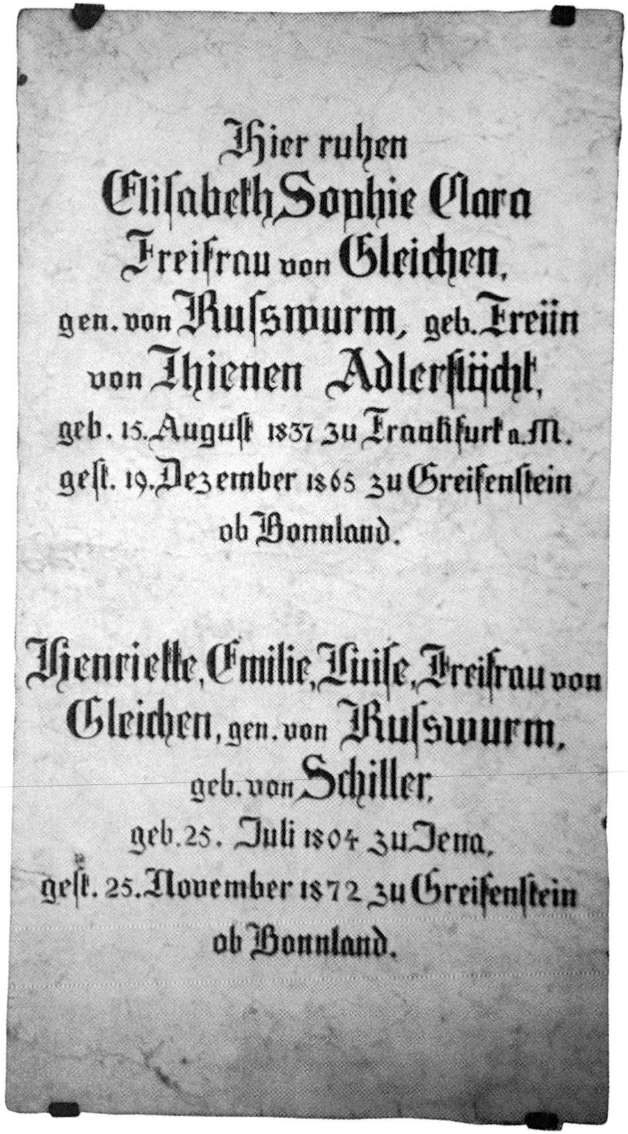

Grabplatte mit der Gedenkschrift an Friedrich v. Schillers Tochter Emilie Henriette im neuen Wässerndorfer Friedhof

und auch der Friedhof mit dem Grabmal derer von Gleichen-Russwurm befindet sich in gutem Zustand. Alljährlich zum Erntedankfest feiern die ehemaligen „Alt-Bonnländer" und „Neu-Bonnländer" in ihrer Kirche einen Gottesdienst und besuchen danach den Friedhof. An jenem Sonntag sind die Straßen voller Leben, voller Stimmen — aber auf irgendeine Weise von bedrückter Melancholie.

Die ehemaligen Bewohner von Hundsfeld treffen sich am Nachmittag des Erntedankfestes und an Allerheiligen auf dem Friedhof — dem letzten Erinnerungsmal ihres Heimatortes — um dort gemeinsam zu beten. Hier ist die Bedrücktheit der Menschen besonders groß und unverkennbar.

Die „Ur-Bonnländer", die 1938 abgesiedelt worden und nach Wässerndorf gezogen waren, mussten 1945 an ihrem neuen Heimatort miterleben, wie am 05. April 1945 das Wässerndorfer Schloss von den Amerikanern in Brand geschossen wurde; dabei ging auch das hierher überführte Gemeindearchiv aus Bonnland in Flammen auf. Der Verlust aussagereicher Urkunden, Akten und Bände mag für diese Menschen wie eine zweite Zerstörung ihrer alten Heimat gewesen sein. Immerhin hat sich August Keßler, der Sohn ihres letzten Bürgermeisters, rechtzeitig darum bemüht, aus seiner Erinnerung und aus noch vorhandenen Aufzeichnungen alles niederzuschreiben, was für die Ortschronik von Bedeutung ist. Er, der später in Wässerndorf selbst Bürgermeister war, sorgte auch für die Einlösung des Versprechens, dass die ehemaligen Bonnländer im katholischen Wässerndorf ihre evangelische Kirche bekamen. 1965/66 wurde am Ortsrand eine moderne Michaelskirche gebaut — auch die Kirche in Bonnland ist dem Erzengel geweiht — und nach der zweiten Absiedlung wurden wertvolle Epitaphien und zwei Glocken aus Bonnland nach Wässerndorf überführt.

Die zerrissene Vergangenheit von Bonnland und Hundsfeld ist exemplarisch für andere Ortschaften in Deutschland, die ein ähnliches Schicksal erlitten. Trotz aller Tragik aber ist zu bedenken: Geschichte ist nicht alleine nur der Blick in die Vergangenheit und reicht auch über die Beschreibung des Gegenwärtigen hinaus. Geschichte ist immer im Fluss, hält niemals inne, Statisches ist ihr fremd. Wer hätte in den 80er-Jahren daran geglaubt, dass die scheinbar so fest gefügte und streng bewachte DDR urplötzlich, innerhalb weniger Wochen in sich zusammenbrechen könnte, Mauer und Grenzzaun fallen würden? Geschichte, die wir selbst miterlebt haben! Und wer kann mit Bestimmtheit behaupten, die Geschichte von Bonnland oder Hundsfeld sei bereits zu Ende geschrieben und es bestehe keine Aussicht mehr auf eine Fortsetzung? Es hat in der Vergangenheit viele Ortschaften gegeben, die einen Niedergang erleben mussten und zeitweilig sogar wüst fielen — und trotzdem erfuhren sie eines Tages neue Belebung und existierten weiter. Was bedeuten einige Jahrzehnte im unendlich langen Ablauf der Geschichte? Für die Betroffenen — so wie für die Bewohner Bonnlands und Hundsfelds — zweifellos sehr viel, und es kann die Zeit kommen, wo keiner mehr lebt, der einst in diesen beiden Dörfern gewohnt hat. Einen Fortbestand schließt das aber nicht aus. Wer von uns weiß, welche Veränderungen die Zukunft bringen wird? Wer kann ausschließen, dass Bonnland und Hundsfeld eines fernen Tages wieder voller Geschäftigkeit und voll bunten Alltagslebens sein werden?

Der große steinerne Löwe, heute am Aufgang zur neuen Michaelskirche in Wässerndorf stehend, wurde 1965 hierher gebracht. Einst befand er sich als Säulenaufsatz auf dem Kriegerdenkmal in Bonnland, das am Schlossaufgang steht

Aura a.d. Saale
Hainbuch
Sommerberg
Bau-Holz
Promenade-Weg
Sp.Pl.
R.
Kurwinkels-M.
Euerdorf
Markt
(202,0)
Bhf.
Sch.
S.W. 36
300
336
294,2
238,9
187
214,8
254

Das vergessene Kloster

Die Kirchenruine von Aura a.d.S.

Franken, diese reiche Kulturlandschaft mit ihren unzähligen Baudenkmälern, birgt so manch eigentümliches Gebäude, das in seiner Erscheinungsform rätselhaft, fragwürdig — eben geheimnisvoll ist. Die romanische Kirche auf dem Gotthardsberg bei Amorbach, die man sich über einen langen Aufstieg erwandern muss, ist ein solches Beispiel. In unserem Buch über die „Unbekannte Romanik" haben wir sie ausführlich beschrieben. Ihr vergleichbar, wenn doch von anderer Art ist jene Ruine, von der hier die Rede sein soll.

Um sie zu finden müssen wir uns in das weitläufige Saaletal begeben, wo wir auf halbem Wege zwischen Hammelburg und Bad Kissingen nach Norden fahren. Unser Ziel ist Aura an der Saale, noch im Bannkreis der Trimburg liegend. Der Ort befindet sich im Talgrund, auf einem beträchtlichen Hügel darüber erhebt sich die landschaftsbeherrschende romanische Basilika, die 1108 von dem Bamberger Bischof Otto dem Heiligen zusammen mit einem Benediktinerkloster gegründet wurde. Irgendwo im Umkreis der Kirche, die in ihren romanischen Grundzügen noch ihre Erbauungszeit erkennen lässt — den Rest des Kreuzgangs hat man in der romantisierenden Zeit des 19. Jh. am Rande des Vorplatzes aufgestellt — beginnen wir unsere Wanderung, die uns nach Nordosten, weiter bergaufwärts führt. Möglich wäre auch, von Bad Kissingen aus im Vorort Garitz den Anfang des „Promenadenweges" zu suchen, doch auch von hier aus

Die Kirchenruine von Aura a.d.S. ist ein besonders merkwürdiges Denkmal

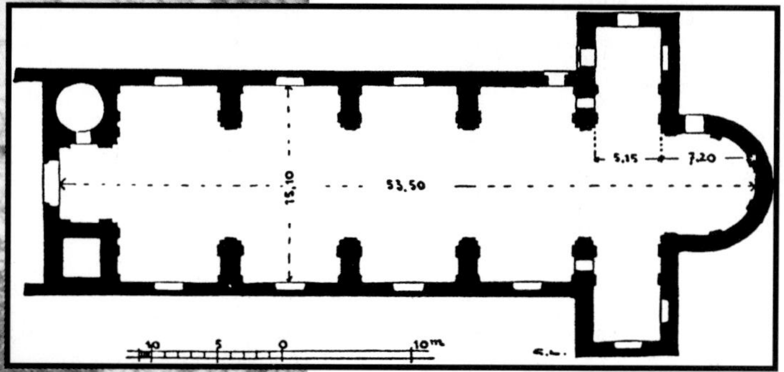

Die Ausmaße der geplanten Klosterkirche sind beträchtlich. Die kreuzförmige Anlage mit je vier Kapellennischen auf beiden Seiten des Langhauses war wohl als Wandpfeilerkirche geplant

Blick in die Tiefe des Innenraumes

müssten wir eine beträchtliche Wegeslänge Anstieg bewältigen. Das Ziel beider Spuren aber ist das gleiche: eine geheimnisvolle Kirchenruine. Obwohl auf einer großen Lichtung gelegen, auf dem höchsten Punkt der Umgebung mit schönen Ausblicken auf das Saaletal, ist ihr Standort dennoch nicht mehr so einsam wie man sich das wünschen möchte. Ein gewöhnlicher Werktag mag deshalb der beste Zeitpunkt sein, um diesen befremdlichen Ort mehr oder weniger ganz für sich alleine zu haben.

Von Aura heraufsteigend kann man den Weg nicht verfehlen, denn die Ruine, von Bäumen umstanden, ist nicht zu übersehen. Das gegenüberliegende Ausflugslokal ist ein beliebtes Ziel von Wanderern, die zu Fuß hierher kommen — oder von Ausflüglern, die es sich leider Gottes nicht nehmen lassen, bis vor die Türe zu fahren und ihren PKW an der Kirchenruine abzustellen.

Das Benediktinerkloster Aura wurde im Jahre 1564 aufgelöst. Die Zerstörungen des Bauernkriegs, daraus folgende Verschuldungen und die Misswirtschaft des Abtes Leonhard, der 1551 eingesetzt wurde, trieben das Kloster in den Ruin. Nicht einmal der dynamische und bauwütige Fürstbischof Julius Echter, der 1573 bis 1617 auf dem Würzburger Bischofsthron saß und in ganz Mainfranken eine ungeahnte, bis heute allenthalben sichtbare Bautätigkeit entfaltete, wagte sich an einen Neubau und eine Neuordnung des Klosters — die Verschuldung war einfach zu groß.

Erst sein Nachfolger Johann Gottfried von Aschhausen (1617-1622) setzte sich die Wiederbelebung des Benediktinerklosters Aura zum Ziel. Er plante jedoch eine grundlegend neue Lösung, vernachlässigte deshalb den ursprünglichen Standort und befahl, rund 1000m östlich des bestehenden Klosters mit dem Bau einer neuen Kirche zu beginnen. Dies geschah auch — doch angesichts der kurzen Regierungszeit des Bischofs gelangte das Werk über seine Anfänge nicht hinaus, sondern blieb Bauruine. Johann Gottfrieds Nachfolger hatten andere Sorgen und wenig Interesse, den angefangenen Torso weiterzuführen. Die Kirche lag unvollendet brach, gelangte in Privatbesitz und wechselte im Laufe der Zeit mehrfach den Eigentümer. Der Rohbau besteht aus roten Bruchsteinen des landschaftstypischen Buntsandsteins, und war deshalb immer wieder in der Gefahr, als Steinbruch für den privaten Hausbau verwendet zu werden. Restaurierungs- und Schutzmaßnahmen haben jedoch dafür gesorgt, dass die Ruine der Nachwelt erhalten blieb.

Und das zu Recht! Die Ausmaße der kreuzförmigen Anlage sind so beachtlich, dass man ohne Zweifel die Absicht des Fürstbischofs erkennen kann, eine große und bemerkenswerte Kirche zu schaffen. Langhaus und Chor ergeben zusammen mehr als 50 m, die Breite des Kirchenschiffes alleine misst 15 m. An den halbrunden Chor schließt sich ein rechteckiges Querschiff an; das einschiffige Langhaus besitzt eingezogene Strebepfeiler, die die Wände in je vier Kapellennischen unterteilen. Diese Pfeiler — das kann man trotz der Verwitterung von nahezu vier Jahrhunderten noch gut erkennen — sind durch Pilaster

Vorstehende Kragsteine an der Westseite; hier sollte das Klostergebäude angebunden werden

gegliedert und ruhen auf rundum vorkragenden Aufsätzen. Im kunsthistorischen Vergleich der Wissenschaft wird deshalb die Vermutung ausgesprochen, Johann Gottfried habe eine Wandpfeilerkirche geplant, die der Dillinger Jesuitenkirche vergleichbar sei. Damit wäre die Klosterkirche von Aura die früheste barocke Wandpfeilerkirche Frankens und eine der ersten dieser Art überhaupt gewesen. „Die Verhältnisse des Raumes wirken auch jetzt noch imponierend" urteilte bereits der Autor der „Kunstdenkmäler" im Jahre 1915.

Kurzum: auch wenn dieses eigenartige Bauwerk schon weit vor seiner Vollendung brach lag — immerhin kann man an der fensterlosen Nordseite und an den vorstehenden Kragsteinen im Westen und Norden noch erkennen, dass hier die Anbindung der Klostergebäude vorgesehen war — ist es trotzdem ein bedeutendes Dokument fränkischer Kunst- und Baugeschichte. Manches kann von dem Sichtbaren her erklärt und gedeutet werden; die näheren Umstände des Baustopps und das geplante Aussehen der Gesamtanlage — ganz zu schweigen von der möglichen Innenausstattung des Gotteshauses! — bleiben uns verborgen und geheimnisvoll und lassen der Fantasie des Besuchers freien Lauf …

Die Lage und das merkwürdige Aussehen der Kirchenruine sind nicht nur heute ein Anziehungspunkt für Besucher. Es wird überliefert, Otto von Bismarck hätte, nach seiner Entlassung als Reichskanzler 1890, bei seinen Kuraufenthalten in Bad Kissingen immer wieder gerne den Promenadenweg gewählt, um die Ruine Aura zu besuchen; unter den Bäumen habe er sich von seinem Diener Kaffee reichen lassen. Ähnliches erzählt man sich vom Bundespräsidenten Theodor Heuß, der bei seinen Wanderungen von Bad Kissingen herauf hier zum Pinsel griff und Landschaft und Ruine malte.

Bezahlte Grenzsteine

Die Segnitzer Judenschranken

Wer Mainfranken bereist bekommt rasch ein geschärftes Gespür, am Wegesrand und in den Ortsstraßen auf steinerne Denkmäler zu achten und sich an ihrer Vielfalt zu freuen — Franken ist ein Bildstockland! Umso überraschter ist man, an den Ortsausgängen von Segnitz im Maintal südlich von Kitzingen drei überaus eigentümliche Steinsäulen aus Muschelkalk zu entdecken, die in ihrer Erscheinungsform völlig aus dem Rahmen fallen und daher in besonderem Maße unser Interesse erregen.

Rund 2 Meter hoch markieren sie die Ränder des Altortes in Richtung Sulzfeld, Zeubelried und Frickenhausen; ob einst auch eine Säule in Richtung Marktbreit gestanden hat, ist nicht mehr bekannt. Nur noch jene in Sulzfelder Richtung ist im Original erhalten geblieben und mit der Jahreszahl „1784“ bezeichnet; verschiedene Initialen sind belanglos und wohl Schnitzereien an Baumstämmen vergleichbar. Die beiden anderen Säulen sind Kopien aus jüngerer Zeit.

Ihr Aussehen ist identisch: aus der Mitte eines kreisrunden Sockels erhebt sich ein vierkantiger Schaft, der sich nach oben verdickt und an den Ecken schräg abgefast ist. Das Original hat eine viereckige Auskragung mit Zinnenfries und eine pyramidenförmige Haube.

Die volkskundliche und regionalgeschichtliche Forschung ist sich inzwischen einig, dass die drei Säulen als „Judenschranken“ zu bezeichnen sind. Juden war es vom Sabbatgebot untersagt, an dem heiligen Tag knechtliche Arbeiten zu verrichten; dazu zählte auch die Vorschrift, keine übermäßige körperliche Anstrengung zu vollbringen.

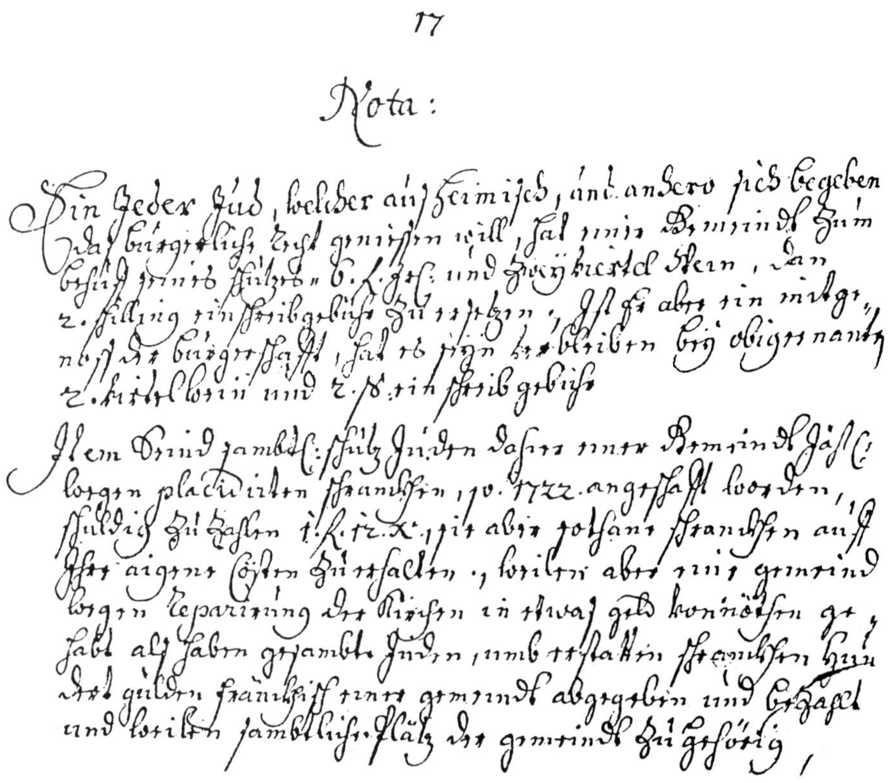

Auszug aus dem Hüttenheimer Grundbuch mit einem Eintrag des Jahres 1722. Im oberen Absatz wird das Schutzgeld, im zweiten Abschnitt die Gebühr für die Errichtung der Schranken beschrieben (Gemeindearchiv Hüttenheim, Lkr. Kitzingen)

Eingeschlossen war die Festlegung, dass Juden am Sabbat den Ort nicht über seine Grenzen hinaus begehen durften und im geschlossenen Ort bleiben mussten. Das hatte zur Folge, dass verschiedene Gemeinden in Franken ihren Juden Grenzzeichen oder Holzschranken aufstellten, die den Ortsrand markierten. In Segnitz war dies notwendig geworden, als man im 18. und 19. Jh. die drei Dorftore abbrach. Weil der Main am Südrand des Ortes Richtung Marktbreit die natürliche Grenze bildete, hat es wohl hier keinen Grenzstein gegeben.

Die Geschichte der Segnitzer Judengemeinde beginnt mit der ersten Erwähnung des jüdischen Mitbürgers Simon im Jahre 1598. Im nachfolgenden 17. und 18. Jh. zählte sie nicht mehr als vier oder fünf Familien, die vom evangelischen Ortsgeistlichen nicht gerne gesehen und mit Beschwerden bei der Obrigkeit immer wieder bekämpft wurde. Erst im 19. Jh. gewann sie an Bedeutung und zählte in ihrer Mitte mehrere bedeutende Bürger, Geschäftsleute und Lehrer. 1848 bis 1880 bestand hier sogar eine Internatsschule, das „Brüsselsche Institut", benannt nach seinem Gründer, dem Kantor Julius Brüssel. Schüler aus verschiedenen europäischen Ländern, ja sogar aus Amerika wurden hier unterrichtet. Es war eine kaufmännische Handelsschule, die nach und nach sogar christliche Schüler aus Segnitz und Umgebung aufnahm.

Schriftliche Nachrichten über die Segnitzer Judenschranken sind bislang nicht bekannt. Vergleichbare Notizen sind aber im Ortsarchiv des nahe gelegenen Hüttenheim zu finden; hier gibt es heute noch Synagoge, Vorsängerhaus und den Friedhof am Tannenberg. Die Mitglieder der großen Hüttenheimer Judengemeinde waren den Dorfherrschaften Würzburg, Ansbach und Schwarzenberg als sog. „Schutzjuden" zugetan, was die Entrichtung eines jährlichen Schutzgeldes (*„2 Viertel Wein und 1 Schilling Schreibgebühr"*) bedeutete. Wer neu nach Hüttenheim zog, hatte wesentlich mehr zu entrichten. Doch auch für andere Anlässe zogen die Herrschaften Gelder von ihren jüdischen Untertanen ein, so u.a. für die Errichtung von Sabbatschranken, wie uns das Hüttenheimer Grundbuch für 1722 in holpriger Sprache berichtet: *„Item seind sambtliche schutz Juden dahier einer Gemeindt jährlich wegen placidirten schrankhen, so 1722 angeschafft worden, schuldig zu zahlen 1 Gulden 12 Kreuzer, sie sothane schrankhen auff ihre aigene Cösten zu erhalten.*

Zeugnisse jüdischen Lebens und Brauchtums sind die über 80 Friedhöfe, die in Franken erhalten oder überliefert sind. Besonders eindrucksvoll ist der wohl schon im 15. Jh. gegründete Begräbnisort von Zeckendorf, Lkr Bamberg unterhalb von Giechburg und Gügel

Weilen aber eine gemeind wegen reparirung der Kirchen in etwas geld nöthen gehabt, also haben gesambte Juden umb erstattene schrankhen hundert gulden fränkisch einer gemeindt abgegeben und bezahlt und weilen sambtliche Plätz der gemeindt zugehörig."

Ob es sich in Hüttenheim um Holzschranken oder Steinsäulen gehandelt hat, wissen wir nicht mehr. Doch wie auch immer: die Gebühr von 100 Gulden ist eine immens teuere Summe und zeigt, wie schwer es jüdische Mitbürger einst hatten, wenn sie in Frieden in einer Gemeinde leben wollten. Wir dürfen davon ausgehen, dass auch die Segnitzer Juden 1784 für ihre drei steinernen Sabbatschranken eine ähnliche Wuchergebühr zahlen mussten.

Tragisches Schicksal

Die Schlossruine von Wässerndorf

Abseits der großen Straßen liegt im südlichen Landkreis Kitzingen der kleine Ort Wässerndorf. Es ist jenes Dorf, in das die in einem vorhergehenden Kapitel beschriebenen Einwohner Bonnlands 1938 abgesiedelt wurden und eine neue Heimat fanden. Ihre Höfe liegen auf dem Berg, rechts der Straße nach Gnötzheim, der Altort streckt sich links davon den Hang hinunter ins Tal. Die Mitte zwischen beiden Siedlungsteilen aber markiert die Silhouette einer überaus merkwürdigen Schlossruine. Nahezu gespenstisch ragen vier spätgotische Staffelgiebel in den Himmel, die ebenso ruinös und baufällig erscheinen wie ihre Verbindungsmauern. Leere Fensterhöhlen sind vom Wind durchweht, hohe verwilderte Büsche und Bäume auf dem Wall umziehen die gemauerten Reste und auch der ehemalige Graben des Wasserschlosses ist vom Dickicht durchzogen. Ein altes Schloss im Dornröschenschlaf, offenkundig unbewohnt — wir nähern uns ihm und seiner tragischen Vergangenheit auf unserer Fahrt zu geheimnisvollen Denkmälern und Stätten in Franken.

Im 13. Jh. war „Westerndorf“ den Herren von Seinsheim untertan. Nach dem Aussterben des Geschlechts gelangte das Dorf in der ersten Hälfte des 16. Jh. an die Freiherren von Schwarzenberg; Friedrich von Schwarzenberg formte die vorhandene Burg in ein Wasserschloss um, das 1550 fertig gestellt war — diese Jahreszahl mit dem Na-

men des Friedrich von Schwarzenberg findet sich heute noch in einem Fenstersturz des Südostgiebels. Bis in das beginnende 20. Jh. hinein verblieb das Schloss in den Händen der Schwarzenberg, ehe es von den Freiherren von Pölnitz übernommen wurde. Sie wohnten hier bis zu seiner Zerstörung 1945, schenkten es dann dem bayerischen Staat, der es 1982 an einen Privatmann veräußerte. Er hatte den schönen, aber unrealistischen Plan, das Schloss herzurichten und ein Freizeithotel daraus zu machen, in dem kreative Ferienkurse abgehalten werden sollten; sehr rasch erkannte er die Unsinnigkeit und Unfinanzierbarkeit seines Vorhabens und verschenkte seine Schlossruine an einen Garten- und Landschaftsarchitekten.

Das Schloss ist eine quadratische Anlage aus vier senkrecht zueinander angeordneten dreigeschossigen Gebäuden. Sie sind auf allen Seiten von einem Vorhof umgeben, der nach außen durch eine Mauer mit sieben Türmen, einen tiefen Wassergraben und einen Wall geschützt ist. Der Zugang erfolgt über eine doppelbögige Steinbrücke und durch einen Brückenturm, in dem einstmals eine Zugbrücke verankert war. Die Wohn- und Wirtschaftsgebäude stehen auf Fundamenten des Vorgängerbaus aus dem 13./14. Jh. und besaßen im Nordtrakt zum Innenhof hin eine offene Fachwerkgalerie. 1911, bei der Bestandsaufnahme der „Kunstdenkmäler“, waren noch mehrere Räume in ihrem ursprünglichen Aussehen des 16. Jh. erhalten, mit bemalten Fachwerkwänden, Balkendecken und Fensternischen mit Sitzbänken. Alles in allem: trotz dieser knappen Erinnerungen und dank einiger Bilder kann man getrost behaupten, dass es sich um ein malerisches, anmutiges Landschloss gehandelt hat.

Als Franken 1945 in den Kriegsschauplatz einbezogen wurde, lagerten Stadtarchiv und Staatsarchiv Würzburg dank der guten Verbindungen zur Familie v. Pölnitz eine große Menge wertvoller Bestände nach Wässerndorf aus und lagerten sie im Schloss ein. Auch das gesamte Gemeindearchiv des aufgelösten Bonnland wurde hier untergebracht. Eine kunsthistorisch bedeutsame Figur einer Madonna mit Kind, aus Holz geschnitzt und farbig gefasst, um 1480 entstanden, wurde aus der Wässerndorfer Kirche entfernt und in die vermeintliche Sicherheit des Schlosses gegeben. Die Familie v. Pölnitz ließ aus Hundshaupten und anderen Besitzungen alle Dokumente der Familiengeschichte und ihre Bibliothek heranschaffen. Der Komponist Armin Knab aus Kitzingen, ein Freund der Familie, zog mit Frau und Kindern im Schloss ein und brachte seine wertvolle Notensammlung und mehrere Instrumente mit, darunter sogar ein Klavier. Das Gebälk des Dachstuhls strich man, so die Überlieferung der Freifrau von Pölnitz, mit einer angeblich feuerhemmenden Imprägnierung, um im Brandfalle genügend Zeit zu haben, das wertvolle Gut in Sicherheit zu bringen. Die Wässerndorfer Feuerwehr hatte in einer Übung ausprobiert, wie sie mit Hilfe eines langen Gartenschlauches vom Hydranten aus die Dächer besprengen wollte, falls ein Brand ausbrach — hilflose, ohnmächtige Ideen, die sich

In einem der Turmstümpfe hat sich der Schlossbrunnen erhalten

als ungeeignet erweisen sollten.

Als die Amerikaner immer näher rückten, ihr Artilleriebeschuss lauter und beklemmender zu hören war, zog sich das gesamte Dorf hinter die schützenden Schlossmauern und in den gegenüberliegenden Gutshof und seine tiefen Keller zurück. Deutsche Soldaten hatten striktes Verbot, das Schlossgelände zu betreten, denn der Schlossherr wollte jede Provokation vermeiden. Doch dann nahm das schreckliche Schicksal seinen Verlauf. Armin Knab hat in seinem Buch „Merktage“ die Ereignisse aus seiner Sicht niedergeschrieben, und auch der ehemalige Bonnländer August Keßler, 1938 hierher gekommen und später der letzte Bürgermeister Wässerndorfs vor der Gebietsreform, zeichnete die tragischen Vorfälle auf. Lassen wir Armin Knab selbst erzählen — in Auszügen zumindest — denn sein Bericht ist der eines Zeitzeugen und ungemein eindrucksvoll:

An den Osterfeiertagen war die Front sehr nahe gerückt, Artilleriebeschuss richtete erste Schäden an den Dächern des Schlosses an, zahlreiche Ziegel fielen herab, Fenster zersplitterten. Die Schutzsuchenden kauerten sich in den Kellern eng zusammen. Schicksalstag war schließlich der Donnerstag nach Ostern, der 5. April 1945, und hier lassen wir Armin Knab das Wort:

„Am Donnerstag, dem 5. April in der Frühe, begann der Kampf um Wässerndorf, der von den Amerikanern erst aus der Ferne mit außerordentlichem Feuer aller Waffengattungen geführt wurde. Dann aber hämmerte ein Granatwerfer geraume Zeit ununterbrochen auf das Schloss ein. Und nun hörte man das körnige Prasseln der Maschinengewehre in nächster Nähe, also offenbar schon am Schlosswall. Während dieser Zeit verließ ich den Keller nicht mehr, da auch der Aufenthalt nahe am Kellerausgang schon Gefahr bringen konnte. … Plötzlich hörte man im Schlosshof rufen: „Hällo, hällo!“ Der Umschwung ist da! Barons und Fräulein Meinecke gehen den Amerikanern entgegen. Frau Baronin berichtete uns dann, dass die fremden Soldaten sehr höflich waren, sich umschauten und als sie Äpfel sahen, nach dem

deutschen Namen und dem Preis der Früchte fragten. Sie hätten gesagt, wir sollten uns ruhig verhalten und den Keller nicht verlassen. Der Einladung, den Keller zu kontrollieren, leisteten sie keine Folge. Doch suchten sie die Außentürme ab. Dieser Bericht brachte die ungeheuerste Entspannung hervor … Ich glaubte noch nicht recht an das Ende der Gefahr, da der Kampflärm weiterging … Immerhin trat eine allgemeine Geschäftigkeit ein, es wurde herumgegangen, gegessen, geplaudert. Es war ja nur noch eine Frage von Stunden, bis wir endgültig am anderen Ufer gelandet sein würden … Barons hatten unterdessen mit Erlaubnis der Amerikaner einen Rundgang im Schloss angetreten. Nachträglich berichteten sie, das Dach sei durch den Granatwerfer so gut wie zerstört worden, auch mein braunes Klavier hätte einen Treffer erhalten und umgestürzt gewesen. Die eigentlichen Wohnungen seien noch immer unbeschädigt geblieben. Während der Abwesenheit der Herrschaft rief Gärtners Fritz nach Fräulein Schmitz, der Erzieherin der kleinen Baronesse, als Dolmetscherin, es seien wieder Amerikaner da. Sie berichtete, die fremden Soldaten hätten gesagt, es schaue ein Karabiner aus einem Fenster. Dies schien mir zwar absurd, da meines Wissens das Schlosstörchen immer verschlossen gehalten worden war und angeläutet werden musste, wenn jemand herein wollte. Doch beschlich mich ein Gefühl der Gefahr …“.

Blick auf die Schlossruine von Nordwesten

Die Wässerndorfer und alle, die Zuflucht im Schloss gesucht hatten, schwebten also für einige Augenblicke in der hoffnungsfrohen Stimmung, die Besetzung durch die Amerikaner habe zwar dem Gebäude Schaden zugefügt, doch neige sich der Kampf einem friedlichen Ende zu. In diese Atmosphäre des Aufbruchs in eine neue Zeit und der Erleichterung mischte sich von einem Augenblick zum anderen eine Verkettung tragischer Umstände, die zu einer dramatischen Wende der Ereignisse führte — wobei deren Ursachen letzt-

endlich auch von den Zeitzeugen Armin Knab und August Keßler nicht unwiderlegbar erklärt werden können. Was soll geschehen sein?

Zum einen wird immer wieder angegeben, dass zu keinem Zeitpunkt deutsche Soldaten sich im Schloss aufgehalten haben können — so beteuert der Bericht von August Keßler: „*Wie Augenzeugen berichten und versichern, war zu keinem Zeitpunkt ein deutscher Soldat im Schlossgebäude*“. Von Armin Knab aber haben wir ja schon gehört, die Amerikaner hätten behauptet, es schaue ein Karabiner aus einem Schlossfenster. „*Wir konnten uns jedoch niemals davon überzeugen, dass aus dem Schloss geschossen worden sei, weder von einem deutschen Soldaten, noch weniger von einem Zivilisten. Dafür fehlte jeder Anhaltspunkt. Die einzige Möglichkeit hereinzukommen bestand nach Öffnen des Törchens bis zur Ankunft der Amerikaner. Da man aber über den Schlosshof gehen musste, um das Schloss zu betreten, wäre ein Soldat unbedingt gesehen worden. Der äußere Schlosswall außerhalb des Grabens freilich war frei zugänglich. Hier konnten natürlich Soldaten Stellung nehmen. Dies rechtfertigte aber nicht die Behauptung, es sei vom Schloss aus geschossen worden. Da aber einfache Menschen nicht unterscheiden können zwischen dem, was wahr ist und dem, was nur behauptet wird, hieß es in der Gegend: ‚Das Schloss ist angezündet worden, weil herausgeschossen wurde!‘*“

Die strittige Frage, ob aus dem Schlossbereich auf die anrückenden Amerikaner geschossen worden war oder nicht, stellte sich im Nachhinein als Kernpunkt des Für und Wider heraus. Wie uns August Keßler überliefert, behauptete nämlich ein amerikanischer Offizier, dass ein Schuss aus dem Schloss oder vom Schlosswall abgefeuert worden sei und seinen besten Freund tödlich getroffen habe. Alle beteiligten Wässerndorfer bestritten und bestreiten dies, soweit sie noch leben, entschieden und heftig und man bleibt bei der Version, es habe keine deutschen Soldaten rund ums Schloss gegeben.

Haben die damaligen Augenzeugen in der unübersichtlichen Hektik der Ereignisse vielleicht doch einen Heckenschützen übersehen, der zumindest vom Wall oder aus dem Graben heraus auf die fremden Soldaten geschossen haben könnte? Die Amerikaner jedenfalls waren nach anfänglicher Freundlichkeit überaus erbost, wie man den

Die gotischen Fenster der
ehemaligen Schlosskapelle

Schilderungen Armin Knabs entnehmen kann: *„Sie kamen mit vorgehaltenem Gewehr und sagten, es sei Militär im Schlosse. Ihr erster Kapitän sei vom Schloss aus erschossen worden, es sei ihr Bester gewesen. Man konnte dies guten Gewissens bestreiten und forderte sie auf, das Schloss zu durchsuchen. Die Amerikaner gingen am Innenwall herum ... Als sie wieder im Hof waren kam ein sehr wütender Kapitän mit einem Brandsatz in der Hand. Er schrie: ‚Es ist Militär hier drinnen gewesen'. Man beteuerte ihm das Gegenteil. Er sagte: ‚Mein bester Freund ist vom Schloss aus erschossen worden, das Schloss wird abgebrannt.' Als dann die ersten Leute aus dem Keller strömten, wurden sie aufgehalten mit dem Befehl: ‚Zurück in den Keller!' Frau Baronin sagte: ‚Sie wollen doch die ganzen Menschen nicht mitverbrennen?' Ein anderer Amerikaner erwiderte: ‚Dann machen Sie, dass Sie herauskommen!' Hierauf erfolgte der Abzug ...".*

Alle Insassen des Schlosses durften nun — die Berichte schwanken in ihren Angaben zwischen 60 und 80 Personen — das Gebäude verlassen und so viel von ihrer Habe mitnehmen, wie sie tragen konnten. Armin Knab beschreibt anschaulich, er und alle anderen seien so betroffen und verängstigt gewesen, dass sie keinen klaren Gedanken fassen konnten und nur das nahmen, was sie spontan als Nächstliegendes greifen konnten — ohne sich zu überlegen, ob das das Wertvollste und Wichtigste sei. Die Flüchtlinge eilten rasch aus dem Dorf hinaus und versteckten sich zunächst im

Blick in den Innenhof der Ruine:
der Kampf gegen Verfall und Überwucherung ist aussichtslos

Historische Ansichten des Schlosses (um 1910)

Gnötzheimer Wäldchen in einem Hohlweg. Von dort aus konnten sie beobachten, wie das Schloss in Flammen aufging: „*So verbleiben wir einige Stunden und müssen den Untergang des Schlosses mitansehen. Bald dringt Rauch aus der Vorderfront und eine halbe Stunde später schlägt eine ungeheuere Flamme wie eine Locke geformt aus dem linken Flügel empor. Barons sprechen bei all dem ruhig weiter und lassen sich nicht einmal anmerken, dass sie Haltung wahren müssen, um bei der Vernichtung reichen Ahnenerbes und liebevollst gesammelter neuer Schätze ruhig zu erscheinen …*“.

Das Schloss soll zwei Wochen lang gebrannt und vor sich hin geschwelt haben. Niemand wagte zu löschen, denn die Amerikaner hatten zwei

Wässerndorfer Bauern erschossen, die den Brand in ihrem Gehöft hatten löschen wollen. Erst als die Amerikaner endgültig weitergezogen waren und die Befürchtung einer unverhofften Rückkehr immer kleiner wurde, wagte man sich in das qualmende und schwelende Schloss: „*Im Schlosse brannte es noch immer. Der Hof lag voller Ziegel und Mauerstücke. Die Stockwerke waren alle verschwunden, hohe Schutthaufen qualmten zwischen den kahlen Mauern. Das Feuer hatte alles Brennbare vernichtet. Endlich konnte man sogar den Keller betreten, in welchem noch Backofenhitze herrschte. Am Boden waberte weißliche Asche in leichtem Luftzug. Ein ungewisses Licht brachte eine seltsam submarine Stimmung hervor. Einige Metallklumpen waren zu finden. Außen am Schloss zeigten nur die häßlichen schwarzen Rauchflecken über den Fenstern, dass man eine neue Ruine vor sich hatte. Der Schlehdorn blühte am Wall, der Hirte weidete seine Schafe dort wie jedes Jahr …*“.

Alle wertvollen Kunstgüter und Archivalien waren bei der Brandkatastrophe vernichtet worden. Nicht nur die Familie v. Pölnitz war beträchtlichen Eigentums beraubt worden, auch die Wässerndorfer trauerten ihrer gotischen Madonna, dem Bonnländer Archivgut und natürlich vielem privaten Besitztum nach, das sie in den vermeintlichen Schutz des Schlosskellers mitgenommen hatten. Dass der Schaden noch viel weit reichender war, erfahren Lokalgeschichtsforscher noch heute und künftig immer wieder, wenn sie z.B. im Würzburger Staatsarchiv ihrer Ortschronik auf der Spur sind; wie bitter ist es für sie, in den Repertorienbüchern auf wertvolle und viel versprechende Quellenhinweise zu stoßen, die aber einen roten Vermerk tragen: „1945 in Wässerndorf verbrannt“.

„Wie eine sagenhafte Ballade aus alter Zeit“ beschreibt Armin Knab in seiner Erinnerung die ausgebrannte Schlossruine, eine Bezeichnung, die sicherlich auch heute noch zutrifft. Rund um das Gebäude und auch in den Innenhöfen kann man in jüngsten Jahren Bemühungen der Erhaltung und Ansätze eines Neubeginns feststellen. War die Ruine vor einigen Jahren, als sie noch im Besitz des bayerischen Staates war, häufig aufgebrochen und jedermann zugänglich, so ist sie heute sorgsam verschlossen und behütet. In jener herrenlosen Zeit machte sie wirklich den Eindruck eines spinnenwebenumzogenen Dornröschenschlosses, im Innern voller Schuttberge, Gestrüpp und halbhoher Bäume. Die Bewahrungsmaßnahmen des neuen Besitzers sorgen dafür, dass der schädliche Bewuchs entfernt wurde und regelmäßig zurückgeschnitten wird, dass Restaurierungen durchgeführt werden und die Ruine in ihrem Bestand bewahrt bleiben kann. Nicht als Kuriosum, auch nicht Schauer erregendes Spukschloss, ganz im Gegenteil: als Mahnmal an eine schreckliche Zeit, die sich nie wiederholen möge, und als Erinnerung an ein unfassbares Missverständnis, das in seinen Einzelheiten nie mehr völlig aufgeklärt werden kann …

„Für bös Leuth ...“

Pranger, Galgen und andere Gerichtsstätten

Überreste mittelalterlichen und nachmittelalterlichen Rechtslebens sind in einzelnen Dokumenten in ganz Deutschland erhalten geblieben. Auch unsere fränkische Heimat weist noch viele solch seltsamer Zeitzeugen auf. Sie führen uns in eine unvorstellbare Welt voll seltsamer Gebräuche, voller Irrationalität, Grausamkeit und Absonderheiten. Um ein Spiegelbild jener Zeit zu zeichnen bedarf es einer eigenen und ausführlichen Beschreibung, die in dieser Reihe über das „Unbekannte Franken“ erscheinen wird. Auf den folgenden Seiten werden nur einige, für das alte Rechtsverständnis und wegen ihrer Absonderlichkeit exemplarische Beispiele genannt.

Im Mittelalter und noch in der beginnenden Neuzeit war die gesamte Rechtspflege mit all ihren Handlungen öffentlich, d.h. Zuschauer, Neugierige, Gaffer, Schadenfrohe und Sensationslüsterne waren nicht ausgeschlossen. Das Volk sollte nicht zuletzt auch aus Gründen der Abschrekkung an allem teilnehmen können — natürlich auch an einer Bestrafung oder Hinrichtung. Gerichtsverhandlungen fanden also ursprünglich im Freien statt, in den meisten Fällen unter einem den Dorfplatz beherrschenden Baum, einer Eiche oder Linde. Die Gerichtsstätte selbst, wo der Richter und seine Beisassen sich niedersetzten und die Verhandlung geführt wurde, war mit einer Holzschranke umhegt; in diesem umgrenzten Raum herrschte der unantastbare Gerichtsfriede und er durfte von Unbefugten nicht betreten werden. Weil die Verhandlungen im Freien wegen der Unsicherheit des Wetters leicht zu einer Belastung werden konnten, war es schon zu Zeiten Karls des Großen erlaubt, bei schlechter Witterung die Vorhallen von Kirchen oder andere überdachte Vorbauten aufzusuchen. Während die meisten Dorfgerichte noch lange

Versammlung der Ratsherren unter der umhegten Gerichtslinde (Miniatur in der Luzerner Chronik 1513)

Steintisch und -bänke unter der Dorflinde von Maineck, Lkr. Kulmbach

Gerichtslaube (17. Jh.) in Mürsbach, Lkr. Coburg

Zeit auf das Gericht im Freien angewiesen waren, suchten die Städte durch den Bau von Gerichtslauben am Rathaus einen geschützteren Platz. Vor dieser Laube musste aber genügend freier Raum vorhanden sein, damit die Bürger zuhören konnten. Später verlor sich dieser hohe Grad an Öffentlichkeit, denn man zog sich zur Verhandlung in den Rats- oder Gerichtssaal zurück und verkündete das Urteil und seine Begründung dann von einer angrenzenden Verkündhalle oder Freitreppe. Fehlten diese, dann öffnete man bei der Urteilsverlesung die Fenster der Saales, um dadurch wenigstens symbolisch die Öffentlichkeit herzustellen.

Dokumente für jene geschilderten Gepflogenheiten finden wir noch allenthalben. Besonders anschaulich sind wohl die geleitete Linde von Grettstadt im Lkr. Schweinfurt, die spätgotische Verkündhalle auf der Freitreppe des Dettelbacher Rathauses, vor allem aber die Steintische und Bänke unter den Linden von Isling (Lkr. Lichtenfels) und Maineck (Lkr. Kulmbach). Eine dörfliche Gerichtslaube hat sich in Mürsbach, Lkr. Coburg erhalten. Ihnen ist ihre historische Rolle eindeutig zuzuordnen, Zweifel gibt es dagegen bei denen häufig als „Gerichtsstühle" bezeichneten steinernen Sitzgelegenheiten in der Nähe von Vielbrunn, am Forsthaus Hainhaus im Odenwald:

Überaus malerisch stehen mitten im Wald auf einem erhöhten Podest sechs steinerne Stühle. Sie sind Monolithe, ruhen auf einem gemauerten Sockel und haben eine anmutig geschwungene Lehne, die vorne Volutenornamente aufweist. Die Gesamtansicht ist so eindrucksvoll, dass sie unverfälscht historisch wirkt — so könnte ein mittelalterlicher Gerichtsplatz ausgesehen haben! Leider haben Nachforschungen inzwischen längst ergeben, dass es sich um eine künstliche Konstellation handelt. Graf Franz I. von Erbach zu Erbach, ein ganz dem Natur- und Geschichtsempfinden der Romantik verhafteter Landadeliger, ließ die Stühle Anfang des 19. Jh. aus seinem Schlosspark hierher bringen und eine künstliche

Verkündhalle mit spätgotischem Erker (um 1500) am Rathaus von Dettelbach, Lkr. Kitzingen

Die „Gerichtsstühle" am Forsthaus Hainhaus im Odenwald

Der „Bürgersturm" vo
Iphofen, Lkr. Kitzinge

mittelalterliche Situation schaffen, die prompt viele Generationen bis in unsere Zeit hinein als echt angesehen haben. Jener Graf war es auch, der die kostbarsten Architekturteile aus der romanischen Wildenburg bei Amorbach herausbrechen und in seinem Englischen Garten zu Eulbach als Dekoration und zu seiner Erbauung aufstellen ließ. Immerhin besaß er genügend Ehrfurcht vor der Geschichte, um die Wildenburg zeichnen und inventarisieren zu lassen, so dass die entnommenen Steine Jahrzehnte später wieder zurückgebracht und an ihre ursprüngliche Stelle gesetzt werden konnten.

Um Verurteilte abzustrafen und eine Zeit lang durch Kerkerhaft aus dem Verkehr zu ziehen, besaßen viele Gemeinden einstmals ihr eigenes Gefängnis. Oft war es im Rathaus selber, nicht selten auch in einem Turm der Stadtbefestigung untergebracht. In Iphofen im Lkr. Kitzingen z.B. gab es zwei solcher Gefängnistürme, den „Bürgersturm“ für die leichteren Vergehen, und den „Faulturm“ für die schweren Verbrechen mit Haftstrafen bis ans Lebensende; angeblich sollen die Delinquenten in diesem Turm verfault sein. Für die Delikte des Alltags kannte man aber auch „Kurzzeitgefängnisse“, „Narrenhäuser“ genannt, in die man Trunkenbolde, Randalierer und andere unliebsame Personen steckte, die den Frieden störten und die hier für einige Stunden ausgenüchtert wurden. In Iphofen — dort hieß dieses Gefängnis „Hundslöcher“ — aber auch in Dettelbach im Lkr. Kitzingen befand sich das Narrenhaus im Hohlraum unter der doppelläufigen Freitreppe. Im Gerichtsprotokoll des Jahres 1608 wird von einem Fall berichtet, der typisch für die Narrenhausstrafe ist: *„Donnerstag nach Mariä Himmelfahrt hat es sich begeben, dass Hans Höber, ein Häckersknecht, im Wirtshaus gezecht und dabei seinen Beutel verloren mit dem Geld, nach seiner Aussag fünf Gulden, und er hat nach Entdeckung des Verlustes mit großer Gotteslästerung den Wirt und sein Weib des Diebstahls bezichtiget, worauf man ihn ins Narrenhaus gesperrt hat“*. Unter der Freitreppe des Ochsenfurter Rathauses ist sogar der Blick ins ehemalige Narrenhaus möglich; in der von einer spitzbogigen Türe verschlossenen Kammer hat man Tisch, Stuhl und Wasserkrug aufgestellt. Auch bei den Narrenhäusern war Öffentlichkeit gewährleistet, denn durch das offene Gitterfenster war es ein leichtes und sadistisches Vergnügen

'e „Narrenhäuser“ unter den Rathaustreppen von Iphofen
ıd Ochsenfurt (Lkr. Würzburg)

oben
Der Galgen (1754 von Wörth a.M. (Lkr. Miltenberg); die beiden Steinsäulen waren einst durch einen Querbalken verbunden
links
Sog. „Erbärmechristus“ (um 1400) an der Pfarrkirche von Hallstadt, Lkr. Bamberg; Figuren dieser Art wurden als Standort des Prangerstehens benutzt

für die Passanten, die eingesperrte Person zu hänseln und auf die Palme zu bringen. Als Warnung haben die Ochsenfurter Ratsherren im Sturz des Fensters die Mahnung einmeißeln lassen: *„hüt dich und geh nit aus der greift man dich man legt dich ins narenhaus“.*

In manchen Orten gab es sogar „bewegliche“ Narrenhäuser, auch „Korbpranger“, „Triller“ oder „Dreher“ genannt. Es handelte sich um einen drehbaren Holzkäfig. Setzte man ihn in Bewegung, dann befielen die eingesperrte Person Schwindelgefühle oder eine Art „Seekrankheit“, es wurde ihr speiübel und es war eine besondere Freude für die Umstehenden, einem dermaßen Ausgestellten ordentlich zuzusetzen und ihn sich übergeben zu sehen. In Bad Königshofen im Grabfeld wurde der Triller, wie Gemeinderechnungen belegen, im Jahre 1715 angefertigt und auch fleißig benützt, wie das folgende sehr deftig formulierte Urteil beweist: *„Hans Meuchels Wit-*

tib, welche zeithero nicht nur allein dem schändlichen Hurenleben sich herumbgewälzt, sondern auch von einem hiesigen Bürgerssohn etwelches von seinen Eltern entnommenes Getreide aberkauft, wird diesem unkeuschen Venusbock eine dreistündige Trillerstrafe andiktiert" (1740).

An diesen Beispielen ist leicht nachzuvollziehen, dass die Gepflogenheiten der alten Gerichtsbarkeit wenig psychologische Rücksichtnahme gewährten, sondern hart und unmissverständlich zupackten. In diesem Sinne war auch das Prangerstehen eine für die Betroffenen — im wahrsten Wortsinn — überaus peinliche Strafe. Der Verurteile sollte öffentlich bloßgestellt und dem Spott preisgegeben werden; das Fesseln und Festbinden mit dem Halseisen war zugleich eine Art der Freiheitsstrafe. In der Regel war der Pranger am Rathaus angebracht oder auf dem Marktplatz zu finden. Eine besondere Variante dachte man sich in Dettelbach aus, wo der Pranger mit Konsolstein und Halseisen neben dem Aufgang zur Kirche in die Mauer eingelassen wurde. Hier am Sonntag festgemacht zu werden, wenn die anderen zum Gottesdienst gingen und der Marktplatz dicht bevölkert war, die gemeißelte Narrenkappe über dem Kopf, muss eine überaus harte Strafe gewesen sein. „*Anno 1674 zu Dettilabach hat hohe Rath alhie den Pranger lass mach für bös Leut*" steht an einer Inschrifttafel; Text und Jahreszahl sind allerdings nicht authentisch, sondern erst nachträglich in jüngerer Zeit angebracht worden. Auch war der Dettelbacher Pranger nicht wie in anderen Orten ein Instrument der hohen Gerichtsbarkeit, denn die hat diese Stadt nie besessen, sondern nur „ein gemeines Halseisen", wobei wir „gemein" als „allgemein = einfach" verstehen müssen. In der rechtsgeschichtlichen Differenzierung spricht man daher von einem „bürgerlichen Pranger", der nicht aus den Rechten der Zentgerichtsbarkeit abzuleiten ist.

Wer am Dettelbacher Pranger ausgestellt wurde war besonders arm dran, denn sein Standort war für die Vorbeigehenden unmittelbar zugänglich. Da hatten es die Verurteilten vergleichsweise besser, die auf einem „Bühnenpranger" festgemacht wurden, wie er an verschiedenen Rathäusern noch erhalten ist, u.a. am alten Rathaus zu Ochsenfurt, am Marktturm von Kitzingen oder auch am Rathaus von Aub im Ochsenfurter Gau.

Bühnenpranger am alten Ochsenfurter Rathaus (15. Jh.)

Der Pranger von Dettelbach, Lkr. Kitzingen

Kunsthistorisch bemerkenswert ist der dreiseitige Bühnenpranger am Marktplatz zu Schwäbisch Hall, 1507 aufgerichtet — eine in schönen spätgotischen Formen verzierte Säule mit Halseisen.

Nicht nur wegen ihrer Seltenheit gehören die Galgen zu den eigentümlichsten und wohl am meisten Schauer erregenden Rechtsdenkmälern aus alter Zeit. Nahe der Westgrenze Unterfrankens, in Beerfelden im Odenwald, steht der wohl am Besten erhaltene Galgen in Deutschland. Er liegt oberhalb des Ortes unter hohen Bäumen und soll aus der Mitte des 16. Jh. stammen; der Gerichtsbezirk ist durch grobe, in den Boden gesteckte Buntsandsteinblöcke abgegrenzt. Drei runde Steinsäulen stehen im Dreieck zueinander und sind oben mit Holzarmen verbunden. Weil hier drei Menschen zugleich aufgehängt werden konnten, spricht man bezeichnenderweise auch von einem „dreischläfrigen“ Galgen. Das Aufhängen — ein „Richten mit trockener Hand“, weil dabei kein Blut floss — war in der Regel eine Strafe, die an Männern ausgeführt wurde. Das wurde meist damit begründet, dass man Frauen auch nach dem Tode den entehrenden Blick unter den Rock ersparen wollte, obwohl bekannt ist, dass die Verurteilten ursprünglich sowieso nackt gerichtet wurden. In einem anderen Bericht wird sogar behauptet, man habe eine hochschwangere Frau aufgeknüpft, die noch im Todeskampf Zwillingen das Leben geschenkt habe. Dass man auf Frauen keine Rücksicht nahm, beweist auch der Beerfelder Galgen selbst, denn die letzte hier im Jahre 1804 vollzogene Hinrichtung wurde an einer Zigeunerin durchgeführt, die ein Huhn und zwei Laib Brot gestohlen hatte.

In Beerfelden wurde der Gefangene auf ein steinernes Kreuz gestellt, das vor dem Galgen in die Erde eingelassen ist; dort empfing er die Sterbesakramente und konnte dem Priester seine Sünden bekennen. Das Hängen konnte auf verschiedene Weise vollzogen werden. Oft war es so, dass man dem Verurteilten eine Schlinge um den Hals legte, das Seil über den Querbalken warf und ihn dann hochzog. Eine andere Verfahrensweise war, eine Leiter anzulegen, den Hinzurichtenden mit der Schlinge um den Hals hochsteigen zu lassen, um dann abrupt die Leiter wegzuziehen. Der Gehängte blieb am Galgen, bis sein Leichnam verfault und von Vögeln zerfressen war und, sobald das Seil vermoderte und riss, von selbst herabfiel.

Nicht allzu weit von hier entfernt, am Ostrand des Odenwaldes, finden wir auf dem „Galgenbuckel“ der Stadt Wörth am Main einen weiteren Galgen. Zwei je 7 Meter hohe runde Sandsteinsäulen waren ursprünglich durch einen 4,70 Meter breiten Holzbalken verbunden Die Umstände der Errichtung — Wörth hatte schon in älterer Zeit einen Galgen besessen und die Neuaufrichtung sollte die Kompetenzen des ansässigen Hochgerichts und damit auch die zentrale Rolle der Stadt stärken — sind schriftlich bis ins Detail fest gehalten worden. So ist u.a. überliefert, dass der Miltenberger Baumeister Johann Martin Schmitt die Säulen aufrichtete, und auch die Namen des Zimmermanns und des Schlossers, der den Balken montierte, sind niedergeschrieben. Bedeutsam

Narrenhäuschen, Halseisen und Bühnenpranger
am Rathaus von Aub, Lkr. Würzburg

war jedoch, dass die gesamte Bürgerschaft zum Richtfest zu erscheinen hatte — es fand am 6. August 1754 statt — und jeder Bürger verpflichtet wurde, wenigstens ein Werkstück des Galgens mit den Händen anzufassen; Galgen und Pranger galten als unehrenhaft, der Henker als unehrlich, weil er diese Gegenstände berührte, weshalb beim Aufrichten jeder Bürger mit anfassen sollte, damit hinterher keiner den anderen als unehrenhaft schmähen konnte. Sehr eigentümlich mutet es uns heute an, wenn man in den Aufzeichnungen liest, dass nach Fertigstellung an den Galgen ein bunter Richtfestkranz gehängt wurde, der Zimmermann vom fertigen Bauwerk herunter einen Spruch aufsagte, Gläser zerschellen ließ, Freudensalven abgeschossen wurden und alle Anwesenden einschließlich der Kinder mit Essen und Trinken freigehalten wurden …

links:
Der Galgen von Beerfelden
im Odenwald
rechts:
Die Gerichtslaube von Mürsbach,
Lkr. Coburg

Das verurteilte Dorf

Billmuthausen, die DDR-Wüstung

„... wenn eines Tages eine von allen Lügen und Verzerrungen gereinigte Landkarte des Gebietes der ehemaligen Deutschen Demokratischen Republik erscheint, wird man den Verlauf der gewesenen innerdeutschen Grenze an einer Kette von zerstörten und verlassenen Dörfern erkennen, die sich von der Ostsee bis zum Fichtelgebirge zieht. Die Menschen in diesen Dörfern und Höfen entlang der Demarkationslinie haben Jahrzehnte im Ausnahmezustand gelebt, Tag und Nacht unter militärischer Bewachung ... eines dieser Dörfer war Billmuthausen ...".

Mit solch bitteren Worten beschreibt ein Autor 1991, nur kurze Zeit nach der Grenzöffnung in seinem Buch die Geschichte eines Dorfes und seiner Bewohner, deren einzige „Schuld" es war, an einer topografisch verwinkelten Stelle zu wohnen, in umittelbarer Nachbarschaft der DDR-Grenze, in Sichtweite eines hohen Wachtturms. Weil der Grenzzaun so dicht vor Augen stand, die Verlockung der Flucht in den Westen so groß war und das bewegte Gelände die Überwachung so schwierig machte, waren die Menschen aus Billmuthausen über Jahrzehnte hinweg sich steigernden Schikanen und Willkürakten ausgesetzt — bis hin zur Vertreibung und zwangsweisen Aussiedlung.

Billmuthausen zu suchen ist nicht leicht und nur mit einer guten Straßenkarte möglich. Auf halbem Wege zwischen Heldburg und Bad Colberg, in einem weitgedehnten Waldstück, zweigt

Das Dorf Billmuthausen 1959

Der Kartenausschnitt zeigt, wie nahe Billmuthausen an der innerdeutschen Grenze lag

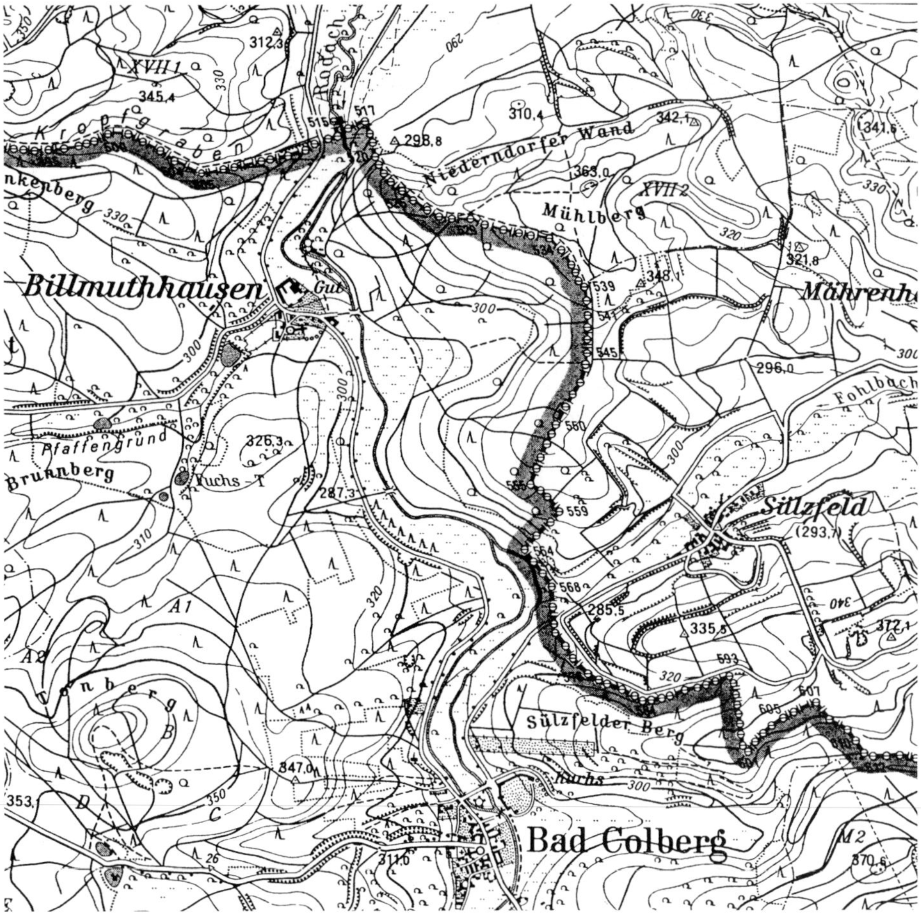

unvermittelt nach links ein Weg in die Bäume ab. Merkzeichen ist ein gemauerter Wegweiser, der wie ein Bildstock aussieht, darauf ein Pfeil und der Hinweis „Billmuthausen — 2,783 km". Mit dem Auto ist der restliche Weg dorthin rasch zurückgelegt. Nach einer längeren Gefällstrecke, im Talgrund, tauchen Flurrelikte auf, die an die ehemalige Grenzbefestigung erinnern, darunter ein betongegossener Wachturm, den man wohl als Mahnmal stehen ließ. Wo das Dorf letztendlich lag war bis vor kurzem auf den ersten Blick nicht so ganz leicht auszumachen; erst wenn man sich jenes baumumstandenen Hügels vergewissert hatte, wo hinter dem grünen Blätter- und Buschgewirr eine Mauer durchblinkt, hatte man den einstigen Mittelpunkt des unglücklichen Dorfes gefunden: den Friedhof, in dem einst auch die Kirche stand. Der liebevoll gepflegte Zustand des Gottesackers beweist uns, dass — obwohl kein einziges Haus mehr steht — die Dorfstelle und vor allem das Gedächtnis der Toten unverrückbar in den Herzen der ehemaligen Bewohner und ihrer Nachfahren verankert sind. Inzwischen hat man begonnen, ein „Grenzmuseum" aus der öden Dorfstelle zu machen, mit Informationshäuschen, Hinweistafeln und historischen Abbildungen des einstigen Aussehens. Billmuthausen ist ein besonders tragisches, leider nicht vereinzeltes, sondern exemplarisches Beispiel, wie die innerdeutsche Grenze über mehr als vier Jahrzehnte das Leben der Menschen auf inhumane Weise mit Zwang belegte und in den Grundrechten beschränkte.

1340 wurde Billmuthausen zum ersten Mal schriftlich erwähnt. Recht genau 600 Jahre danach, im Jahre 1945, begann die Endzeit in der Geschichte des Dorfes, das damals rund 50 Menschen zählte. In den letzten Tagen des II. Weltkrieges sind es zunächst Amerikaner, dann russische Truppen, die den Ort besetzen und überwachen. Billmuthausen liegt in unmittelbarer Nähe der Demarkationslinie auf thüringischem Gebiet und gehört nun zur sowjetischen Besatzungszone. Der Kontakt zu den Bekannten und Verwandten jenseits der Grenze auf bayerischem Territorium, nach Gauerstadt, Niederndorf und Mährenhausen, ist zwar eine Zeit lang noch möglich, wird aber in zunehmendem Maße erschwert. Aus Ostpreußen, Pommern und Schlesien kommen schon in den ersten Wochen der Nachkriegszeit acht Umsiedlerfamilien, die sich hier eine neue Existenz gründen sollen. Der Gutsbesitzer Hermann Ludloff, für die neuen Dorfherren wohl das Symbol kapitalistischer Ausbeutung, wird enteignet, seine Familie nach Rügen deportiert, er selbst

Der Betonturm der Grenzsoldaten hat die Wende überdauert und bleibt als Mahnmal bestehen. Die Baumgruppe am linken Bildrand markiert den Friedhof und die ehemalige Dorfstelle von Billmuthausen

Hochzeit in der Dorfkirche, die mitten im Friedhof stand (1923)

ins KZ Buchenheim verbracht und erschossen. Die Felder des Gutes werden aufgeteilt, das Gutshaus wird 1948 dem Erdboden gleich gemacht.

1952 tritt die Verordnung der 5 km-Sperrzone in Kraft, Billmuthausen kann nur noch per Passierschein erreicht werden. Der Druck auf die Menschen, ihr Gefühl des Ausgeliefertseins wächst spürbar. Daraufhin verlassen sieben der acht Neusiedlerfamilien mit 34 Personen das Dorf, das ihnen keine Heimat werden konnte, und wandern ins bayerische Gauerstadt aus. Billmuthausen hat erheblich an Substanz verloren, Ländereien fallen wüst und können nicht mehr bestellt werden. Dem Ort wird deshalb die Errichtung einer landwirtschaftlichen Produktionsgenossenschaft LPG „Neuer Weg“ verordnet; weil sich die alteingesessenen Bauern jedoch weigern, ihr beizutreten, kämpft sie ums Überleben. Staatlich bestellte Arbeitskräfte werden eingesetzt, und als auch das nicht funktioniert, wird im ehemaligen Verwalterhaus des Gutes ein Schullandheim eingerichtet. Ein paar Jahre lang kommen nun regelmäßig Schüler der Geschwister-Scholl-Oberschule aus Hildburghausen hierher und werden als Feldarbeiter und Erntehelfer eingesetzt. Inzwischen hat es die Obrigkeit dann doch geschafft, auch den letzten „Einzelbauern“ in die LPG zu integrieren.

Das endgültige Ende des sterbenden Dorfes beginnt mit dem Jahre 1961 und dem Bau der Mauer in Berlin. Alle Grenzanlagen zwischen der Bundesrepublik und der DDR werden erheblich verstärkt. Billmuthausen wird planmäßig ausgetrocknet, d.h.

Der Friedhof heute, sorgsam gepflegt und behütet. Im Hintergrund der ehemalige Grenzturm

man versucht mit List und System, den Bewohnern das Leben zu erschweren. Das Schullandheim wird wieder geschlossen, weil man die Flucht von Jugendlichen befürchtet. Zwei Familien werden zwangsweise in andere Gegenden der DDR umgesiedelt. 1963 wird das Dorf zur 500m-Sperrzone zugehörig erklärt und ist ab jetzt von außen kaum noch erreichbar. Einer Familie gelingt die Flucht nach Bayern. Zeichen des endgültigen Untergangs sind der Abbruch der baufälli-

Von dem Dorf Leitenhausen künden heute nur noch eine Baumgruppe und ein in jüngster Zeit aufgestellter Gedenkstein

gen Dorfkirche 1965 und die Anordnung, dass 1973 das letzte Begräbnis auf dem Friedhof stattgefunden habe und keine weiteren Toten hier bestattet werden dürften. Das mag der Grund gewesen sein, dass nun die verbliebenen Kräfte der Menschen erlahmen. Die Räumung des Dorfes wird angedroht — der letzte Widerstand der restlichen Bewohner wird gebrochen, sie geben auf. Am 1. September 1978 verlässt die letzte Familie ihr Haus — welche Gedanken und Gefühle müssen sie in der Zeit bewegt haben, als sie alleine wie Einsiedler, und doch umgeben von Feinden, in ihrem Heimatdorf lebten? — und schon am selben Tag beginnt das Abrisskommando mit seiner Arbeit. Billmuthausen ist zur Wüstung geworden und darf von seinen ehemaligen Bürgern nicht mehr betreten werden — nicht einmal zum Besuch der Gräber. Der Friedhof hat den Kahlschlag überstanden, weil sich die letzten Billmuthäuser der Exhumierung und Verlegung ihrer Toten erfolgreich widersetzten.

Nur die Betroffenen selbst können ermessen, welch lang dauernde und sich steigernde seelische Qual die Menschen in Billmuthausen bedrückte. Die Grenze wurde systematisch ausgebaut,

Der Platz des gewaltsam wüstgefallenen Dorfes Erlebach ist am Trafohäuschen und dem früheren Dorfweiher erkennbar

die Grenzanlagen verdoppelt; Tag und Nacht war der Zaun sichtbar, waren die Grenzsoldaten zu sehen und zu hören, streiften in der Nacht die Scheinwerfer der Wachtürme das Dorf und warfen ihre Schlaglichter in die Zimmer. Immer wieder kamen Parteifunktionäre in den Ort und versuchten die Bewohner zur Aufgabe zu überreden. Zuletzt war es die Ankündigung, dass Billmuthausen geräumt werden müsse, die die bis zuletzt Ausharrenden mürbe machte.

Die Geschichte schreitet fort und macht nicht Halt. Mehr als ein Jahrzehnt später öffnete sich die Grenze, die Grenztruppen zogen ab, freier Zugang war seit einer langen, quälenden Zeit wieder möglich. Im November 1989 standen ehemalige Billmuthäuser wieder auf ihrer öden Dorfstelle, versuchten den Platz ihres Anwesens zu rekonstruieren und besuchten die Gräber ihrer Angehörigen auf dem Friedhof. 1992 fand sich hier die Dorfgemeinschaft zu einer Feier ein, bei der eine Gedenktafel enthüllt wurde. Inzwischen hat sich ein Förderverein gegründet, der sich um die Pflege der wüsten Dorfstelle bemüht und das Gedächtnis an die unselige Zeit und ihre grausamen Ungerechtigkeiten schärfen will. Einer jener Schüler, der 1958 zum ersten Mal ins Schullandheim Billmuthausen fahren durfte, hat inzwischen nach Befragung von Zeitzeugen die Geschichte des Dorfes in einem Buch fest gehalten — ein bewegendes Zeugnis eines unseligen Abschnitts deutsch-deutscher Geschichte.

Der Friedhof von Leithenhausen

Billmuthausen ist ein kein Einzelfall. Entlang der gesamten innerdeutschen Grenze fielen zahlreiche weitere Ortschaften der Sicherung vor der Republikflucht zum Opfer. In der Nähe dieses Dorfes alleine waren es zwei weitere Orte: Erlebach, nur wenige Kilometer von Billmuthausen entfernt — hier gibt nur noch ein Dorfteich die frühere Dorfstelle an — und Leitenhausen am Rande des Landkreises Rhön/Grabfeld, wo ein kleiner Friedhof die Erinnerung wach hält.

Murrmann
Schwädischer General
Historisches Denkmal
aus dem 30jähr. Kriege

Die Katze im Schwedenkrieg

Das „Wurstmännlein“ von Geiselwind

Auf der Hofmauer am Marktplatz von Geiselwind, einem Ort im Steigerwald, steht eine merkwürdige Sandsteinfigur. Sie zeigt einen Soldaten in voller Uniform, der eine große Wurst in der linken Hand hält und sie gerade zum Munde führt. Auf seiner rechten Schulter sitzt eine Katze und schlägt mit ihrer Pfote nach der Wurst. Auf dem Sockel des Denkmals kann man dazu die Inschrift lesen: „Murrmann — Schwedischer General — Historisches Denkmal aus dem Dreißigjährigen Krieg“.

Wie kam es zur Aufstellung dieser eigenartigen Figur? Im Volksmund wird sie „Das Wurstmännchen“ oder auch „Murrmann“ genannt und man erzählt sich dazu zwei ähnlich lautende Sagen:

Im Dreißigjährigen Krieg sei ein schwedischer General mit seinen Soldaten vor die Tore von Geiselwind gezogen, das damals hohe und starke Mauern und eine tapfere Bürgerschaft besessen haben soll. Dreimal ließ der General zur Übergabe des Ortes auffordern, doch die Bürger zögerten, ob sie nachgeben sollten. Da rückten die feindlichen Truppen näher an die Mauern heran und drohten, sie zu stürmen. Schon fielen die ersten Donnerschüsse, als die Vertreter der Bürgerschaft aus dem Rathaus kamen, wo sie gerade beschlossen hatten, durch Abgesandte den feindlichen General noch einmal um Gnade zu bitten. Mit einer weißen Fahne gingen sie hinaus vor das Tor und die Kanonen verstummten. Der General empfing sie in seinem Zelt, wo er gerade dabei war, sich zu stärken und eine Wurst zu verzehren. Er hörte die Bürger an, wollte aber nichts von ihren Bedingungen wissen. Er bestand vielmehr darauf, dass sich die Geiselwinder bedingungslos ergeben sollten. Doch da riefen die Gesandten aus: „Nie und nimmer werden wir das tun! Nun wird Gott uns helfen, dass Ihr nicht in unsere Mauern kommt!“ Der General erwiderte ihnen höhnisch: „So wahr ich diese Wurst in der Hand halte, so sicher komme ich hinein!“ Aber im gleichen Augenblick sprang eine große Katze auf seine Schulter, schnappte ihm die Wurst aus der Hand und lief davon. Der General erschrak, und als die Gesandten zuhause von dem Vorfall berichteten, fassten die Bürger neuen Mut. Tapfer kämpfend widerstanden sie der Belagerung und mehreren Angriffen, bis die Schweden abzogen. So sei Geiselwind unerobert geblieben.

Die andere Version der Sage lautet so:

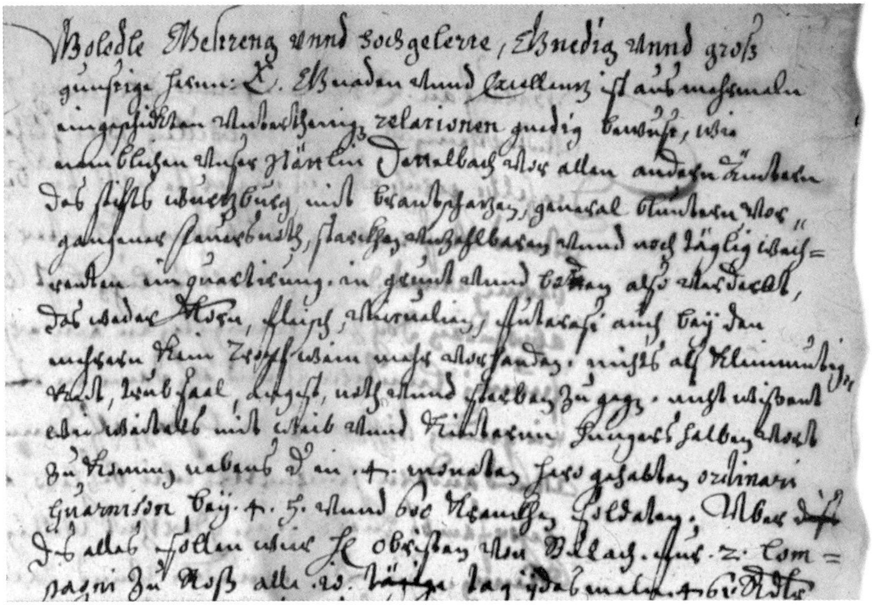

Originaltext aus dem Dreißigjährigen Krieg: in einem Brief an den Würzburger Fürstbischof beschreibt der Dettelbacher Stadtschreiber in anschaulichen Worten, wie die Stadt 1632 beim Einfall der Schweden „in grundt und boden verderbt sey" (Stadtarchiv Dettelbach)

Ob Geiselwind im Dreißigjährigen Krieg von den Schweden erobert wurde oder nicht, lässt sich nicht mehr feststellen. Dass die beiden Sagen wohl einen wahren Kern besitzen, ist dennoch nicht unwahrscheinlich.

Im Dreißigjährigen Krieg kam ein Trupp von Schweden nach Geiselwind und fing an, im Ort zu plündern, zu zerstören und zu morden. Ihr Hauptmann namens Murrmann begab sich ins Wirtshaus und ließ sich eine Wurst bringen. Als er sie zum Munde führen wollte, sprang ihm plötzlich eine schwarze Katze auf die Schulter und langte mit ihrer Pfote nach der Wurst. Darüber erschrak der Schwede sehr, weil er die Katze für eine Hexe hielt und zog mit seinen Leuten augenblicklich ab. So wurde durch die Katze das Dorf gerettet. Zum Andenken daran ließen die Bürger von einem Bildhauer eine Statue anfertigen, die sie am Marktplatz aufstellten und die noch heute an jenen Vorfall erinnert.

Sicherlich hat jener schwedische General nicht „Murrmann" geheißen und einen anderen Namen gehabt, den man ganz einfach erklären kann: „Murr" ist eine volkstümliche Bezeichnung für „Katze". In Pommern z.B. schreckte man die Kinder, wenn sie nicht artig waren, mit einem unheimlichen Tier, dem „Murrmax".

Der Dreißigjährige Krieg war für die Menschen eine besonders schreckliche und leidensvolle Zeit. Aus vielen Gemeinden unserer Heimat sind aus jener Epoche Sagen und Geschichten überliefert oder sogar Denkmäler erhalten. Manchmal ist die Erinnerung an den Schwedenkrieg auch in Flur- oder Straßennamen erhalten geblieben. Es gibt sogar Städte, die jedes Jahr durch ein wiederkehrendes Brauchtum an diese

Zeit erinnern — besonders bekannt sind z.B der „Meistertrunk zu Rothenburg“ oder die „Dinkelsbühler Kinderzeche“. Historienspiele sind auch aus Pottenstein („Der Schmied zu Pottenstein“, der durch seine Tapferkeit die Schweden vertrieben haben soll), aus Bad Kissingen („Die Bienenschlacht“, ein Spiel, das an den Juden Mosche erinnert, der den belagerten Bewohnern den Vorschlag machte, Bienenkörbe auf die Angreifer zu werfen) oder aus Münnerstadt überliefert („Die Schutzfrau von Münnerstadt“: Maria sei den bedrängten Menschen erschienen und habe die Kanononkugeln der Schweden in ihrem Schutzmantel aufgefangen). Besonders grausam ist die historisch belegte Begebenheit der „geschundenen Männer“ aus Kronach, die sogar ins Wappenbild der Stadt aufgenommen wurden: tapfere Soldaten hätten im Schwedenkrieg sich vor die Mauern gewagt und die Kanonen der Feinde unbrauchbar gemacht; sie wurden gefangen genommen und ihnen bei lebendigem Leibe die Haut abgezogen. Im Vergleich dazu ist die Sage vom Geiselwinder Wurstmännlein zwar weniger spektakulär, aber dennoch ein markanter Beweis dafür, wie historien- und sagenreich unsere fränkische Heimat ist!

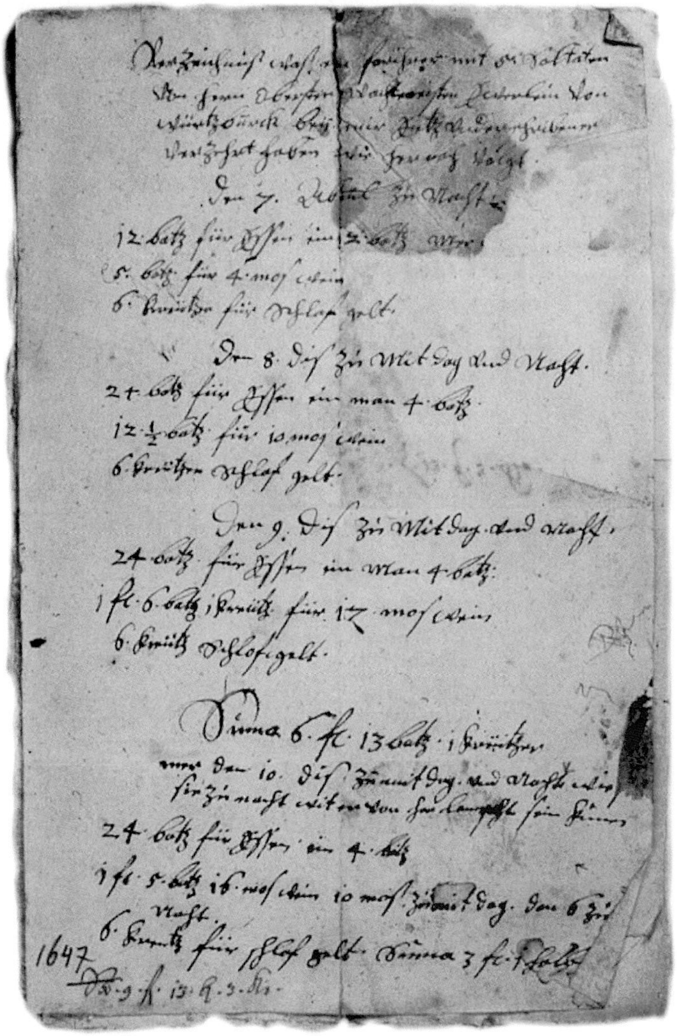

Rechnung aus dem Dreißigjährigen Krieg: der Dettelbacher Engelwirt listet auf, welche Kosten an Wein und Essen Soldaten von ihm erpressten, die sich zwangsweise bei ihm einquartiert hatten

Nachts geht es um

Oberfränkische Wegkapellen und ihre Sagen

Franken, dieses fromme und christliche Land, ist nicht nur übersät von Bildstöcken und Flurdenkmälern, sondern auch von einer unzählbaren Kette von Wegkapellen. Wir finden sie nicht alleine an den Straßenrändern, sondern häufiger noch in der Flur, auch an unwegsamen Stellen oder versteckt in Wäldern. In allen Fällen ist ihr Standort mit einem ganz konkreten, meist sehr menschlichen Motiv verbunden, das zur Errichtung geführt hat. Rein äußerlich ist ihre Formenvielfalt kaum in den stilgeschichtlichen Griff zu bekommen; das schlichte Bretterhäuschen gehört ebenso dazu wie die aufwändig gestaltete gebaute Kapelle. Nicht selten handelt es sich sogar um kleine Gotteshäuser, in denen genügend Gläubige und Pilger für eine Andacht Platz finden, wie z.B. in der „Erlacher Kapelle" in der Nähe von Weismain im Lkr. Lichtenfels, von den Einheimischen liebevoll „Das Kapella" genannt, einer frommen Stiftung aus dem Jahre 1906 in neobarocken Formen. Die Ausstattung der Wegkapellen ist ebenso unterschiedlich und reicht von der einfachen, kunsthistorisch wertlosen aber volkskundlich schätzenswerten Statue bis hin zu schönen Inventarien wie sie etwa die Feldkapelle „Maria Schmerz" westlich von Willanzheim im Lkr. Kitzingen besitzt, die 1727 errichtet wurde und einen anmutigen Altar aus der Barockzeit aufweist. Für alle Gegensätze und für alle Gegenden der drei fränkischen Bezirke können sicherlich zahlreiche weitere, vielleicht noch schlagkräftigere Beispiele genannt werden.

Der Anstieg zur Glosberger Waldkapelle ist steil und beschwerlich und führt an Stationen mit Bildern der sieben Schmerzen Mariens vorbei

Die Marienkapelle auf dem Rauschenberg bei Glosberg, Lkr. Kronach

In diesem Kapitel über die Erkundung des geheimnisvollen Franken geht es aber nicht um den stilkundlichen Vergleich, sondern um die Sagen und Geschichten, die sich um solche Kapellen und Bildhäuschen ranken. Manchmal sind sie reichlich schaurig, von Todes- und Unglücksfällen begleitet, es spukt um sie herum und die Erinnerung an solche Geschichten haftet unverrückbar über viele Generationen hinweg in den Köpfen und Herzen der Menschen. Exemplarisch seien an dieser Stelle Kapellen aus dem Lkr. Kronach ausgewählt, denn vor wenigen Jahren hat sich ein fleißiger Heimatforscher (Roland Graf, s. Literaturverzeichnis) die lohnenswerte Mühe gemacht und mit größter Sorgfalt alle derartigen Denkmäler seiner engeren Heimat inventarisiert. Durch die Befragung älterer Dorfbewohner konnte er in fast allen Fällen die dazugehörigen Ereignisse aufspüren und niederschreiben. Das Ergebnis seiner Nachforschungen lässt sich sehen und erlaubt uns eine interessante Entdeckungsreise durch den Frankenwald, die wir in Glosberg,

Die Marienkapelle von Hirschberg,
Lkr. Kronach

einem Ort nördlich von Kronach beginnen wollen:

Glosberg ist ein Marienwallfahrtsort. Ein Besuch der qualitätsvollen Kirche, an der auch Balthasar Neumann mitgewirkt hat, mit ihrem spätgotischen Gnadenbild ist für uns, die wir auch in kleinen unscheinbaren Orten das Besondere suchen, eine angenehme und entdeckungsreiche Verpflichtung. Vom Ortsrand aus beginnen wir unsere Wanderung nach Osten den Rauschberg hinauf, vorbei an den sieben Stationen der Schmerzen Mariens, ehe wir auf dem Berggipfel in einer schmalen Waldlichtung auf die Marienkapelle treffen, einen schiefergedeckten Sandsteinbau. Im Giebel, der nach vorne gezogen ist und auf zwei Sandsteinsäulen ruht, hängt ein großes Bild der Himmelskönigin. Im Innenraum ist eine Lourdesmadonna zu sehen. Die Tatsache, dass man gegenüber von der Kapelle eine kleine Holzkanzel gebaut hat, beweist den regen Zustrom von frommen Pilgern, die hier im Freien den Worten des Predigers lauschen können. Wir befinden uns also auch hier an einem Wallfahrtsort, denn der Volksmund berichtet, dass im Jahre 1844 einem Hirtenbuben die Muttergottes erschienen sei und ihm den Auftrag erteilt habe, im Ort von ihrem Wunsch zu berichten, dass die Gläubigen hier eine Kapelle errichten sollten. Man nahm diese Erscheinung zunächst nicht Ernst; erst als in den Jahren zwischen 1845 und 1847 die Ernte mehrmals durch Hagelschlag erheblich geschädigt wurde, drückte die Ortsbewohner das schlechte Gewissen und sie führten den Auftrag der Muttergottes aus. Seitdem kommen regelmäßig Wallfahrer hierher, um ihren Schutz zu erbitten.

Von Glosberg kehren wir auf die B 85 zurück und fahren nach Norden weiter. Ein knappes Stück hinter Förtschendorf biegen wir nach links ab und erreichen Hirschfeld. Vom südlichen Ortsrand aus beginnen wir erneut unseren Erkundungsgang, der uns auf einer alten Heerstraße, an drei Martersäulen vorbei, bis zum Waldrand führt. Hier treffen wir auf eine weitere sagenumwobene Marienkapelle. Sie ist aus Holz gefertigt, undatiert aber wohl aus dem 19. Jh. und enthält eine Statue der Muttergottes. Ihre Stiftung soll auf eine eigentümliche Begebenheit zurückgehen: „An einem langen Winterabend saßen die Frauen und Mädchen von Hirschfeld in der Rockenstube beisammen. Während sie lustige ‚Schlumperliedla‘ sangen und sich alte Geschichten und das Neueste aus dem Dorfgeschehen erzählten, ruhten keinen Augenblick die fleißigen Hände. Sie strickten, spannen, nähten und stopften. Plötzlich wurde es aber still in der Stube, denn eine der Frauen erzählte von einem seltsamen Traum der vergangenen Nacht. Ihr war ‚aufgetragen‘ worden, vor dem Dorf, ‚draußen beim Kreuz‘, eine Kapelle bauen zu lassen. Nachdem man schweigend und aufmerksam die Geschichte angehört hatte, setzte ein lebhaftes Stimmengewirr ein. Nur eine der Frauen saß erschrocken und mit fahlem Gesicht dabei. Sie hatte in der Nacht nämlich denselben Traum …“. Beide Hirschfelderinnen zu-

Die wundersame Kapelle nahe Posseck im Lkr. Kronach; unterhalb der Kapelle, im Schatten der Bäume, sind Mauerreste der alten Wallfahrtskirche und eine Quelle zu finden

sammen sorgten danach dafür, dass hier eine Kapelle Maria zu Ehren aufgerichtet wurde. Das Kreuz, von dem in jenem geheimnisvollen Traum die Rede war, hing noch bis vor wenigen Jahren an der gegenüber stehenden alten Linde.

Von Hirschfeld fahren wir zurück nach Süden, über den Teuschnitzer Berg und Marienroth in Richtung Posseck. Auf halbem Wege zwischen den beiden Ortschaften steht an der rechten Straßenseite unter Bäumen eine neugotische Kapelle, die 1904 errichtet wurde. Sie befindet sich auf einem historischen Platz, denn hier soll verlässlichen Quellen zufolge bis in die Mitte des 18. Jh. hinein eine Wallfahrtskirche, die „Peterskirche“ gestanden haben. Die Umrisse der Kirche sind in Geländespuren noch mühsam erkennbar. Anschaulichere Nachrichten über diesen Wallfahrtsort gibt es nicht mehr; eine nahe liegende Quelle lässt Vermutungen zu, hier könne sich seit hochmittelalterlicher Zeit ein Quellheiligtum befunden haben. Nach ihrem Verfall geriet der heilige Ort aber keineswegs in Vergessenheit, sondern wurde von den Menschen auch weiterhin verehrt. Die jetzige Kapelle, von Johann Völk aus Presseck aus Dankbarkeit gestiftet, hält die Erinnerung weiterhin aufrecht. Unverrückbar bewahrt sich im Volksglauben eine überaus seltsame Sage, die mit diesem Wallfahrtsort in Verbindung gebracht wird:

In jener Zeit, als die Kirche schon verfallen und niedergerissen war, sei eines Nachts ein Vater mit seinem kleinen Sohn vorbeigekommen. Beide knieten nieder, um ein Gebet zu sprechen. Während der Vater schon aufstand und weiterging, verharrte der Junge noch eine Weile. Plötzlich hörte er Orgelklänge, aus dem Boden wuchsen die Mauern einer Kirche empor, er sah einen Altar, vor dem ein Priester stand und die Messe las. Auf den Stufen lag ein Ministrantengewand und der Bub, magisch angezogen, streifte es sich über und verrichtete seinen Dienst. Als die Messe zu Ende war und er das Ministrantenkleid wieder ablegte, sah er zu seinem Erstaunen, wie ihn der hl. Petrus auf dem Altar herbeiwinkte und ihm, als er vor

ihm stand, in die ausgestreckte Hand eine silberne Münze legte. In diesem Augenblick war die Erscheinung vorüber, der Junge stand wie erstarrt und hörte seinen schimpfenden Vater zurückkommen, der vergeblich auf seinen Sohn gewartet hatte. Als er ihm von seiner Vision berichtete und das Silberstück zeigte, verstummte der Vater. Doch nun geschah etwas Seltsames: als der Vater die Münze nahm, um sie zu betrachten, lag eine neue auf der Hand des Jungen. Mehrmals probierten sie diesen Vorgang aus und der Geldsegen versiegte nicht. Der Bub jedoch fühlte sich von Mal zu Mal schwächer und bat schließlich seinen Vater, der sich schon die Taschen voller Geld gestopft hatte, doch endlich aufzuhören. Der Vater trug ihn heim und legte ihn ins Bett, vollführte aber aus purer Geldgier die ganze Nacht hindurch mit dem Schlafenden denselben Zauber. Als er endlich damit aufhörte, um seinen Sohn zu schonen, war es schon zu spät: der Bub war vor Schwäche gestorben.

Der Vater verkraftete seinen Tod nicht, er begann zu trinken, bis er alles Geld verbraucht hatte. Dann endlich ging er in sich, wallfahrte immer wieder zu dem Ort der verfallenen Kirche und betete. Eines Tages hörten die Dorfbewohner helles Glockengeläute, und als sie dorthin eilten, fanden sie den Vater tot an jener Stelle liegen, wo sein Sohn einst diese Erscheinung hatte.

Auf verschlungenen Frankenwaldstraßen suchen wir uns einen Weg nach Osten, um in das Angerdorf Birnbaum zu gelangen. Am Südwestrand des Ortes steht unter dem schützenden Dach eines Kastanienbaums die vom Volksmund ehrfürchtig so bezeichnete „Wunderkapelle". Das quadratische, aus Sandsteinen gefügte und mit Schiefern gedeckte kleine Gebäude öffnet sich in einem profilierten Rundbogen. Die Inschrift „HEINRICH GAREIS 1862" verweist auf seine Entstehungszeit und den Stifter. Eine steinerne Pietà im Innern stammt aus dem Jahre 1773 und soll einst als Flurdenkmal im Freien gestanden haben, ehe sie von der Kapelle in den Schutz vor Wind und Wetter genommen wurde. In der mündlichen Überlieferung wird berichtet, dass einst ein Mann aus Possek, einem Ort westlich von Birnbaum, die nicht unbeträchtliche und schwere Wegstrecke auf Krücken gestützt hierher zurückgelegt habe, um zur schmerzhaften Muttergottes zu beten. Dabei sei ihm Heilung widerfahren und er habe ohne Gehhilfe beschwingt und frohgemut den Heimweg antreten können. Seine Krücke ließ er als Zeichen des an ihm geschehenen Wunders in der Kapelle zurück; sie sei zusammen mit anderen Votivgaben noch vor wenigen Jahren zu sehen gewesen, denn weitere Mirakel seien geschehen. So berichtet man u.a. von einer blinden Frau, die nach dem Besuch der Wunderkapelle das Augenlicht wieder erlangt habe.

Am gegenüberliegenden Ortsausgang von Birnbaum suchen wir nach der „Fünf-Wunden-Kapelle", einem kleinen mit Schiefer verkleideten Holzhäuschen, das von zwei Kastanien flankiert wird. Im Innern befinden sich ein Holzkreuz mit den Wundmalen Christi und rechts daneben eine farbig gefasste Pietà. 1880, so wird überliefert, sei die Kapelle von der Familie Kolb gestiftet worden. Der Anlass dazu war eigenartig und schmerzerregend genug. Roland Graf, der Kapellenforscher, erzählt sie in seinem Buch so: „Eine wild gewordene Kuh hatte mit dem Horn der Bauersfrau ein Auge ‚herausgefitzt'. Es hing nur noch an den feinen Muskel- und Nervensträngen, war aber zum gro-

Die „Wunderkapelle" von Birnbaum, Lkr. Kronach

Die „Fünf-Wunden-Kapelle“ von Birnbaum, Lkr. Kronach

ßen Glück ansonsten unverletzt geblieben. In ihrem Schmerz nahm die Frau das herunterhängende Auge und drückte es, ohne ärztliche Hilfe, in die Augenhöhle zurück. Aus Dankbarkeit dafür, dass ihr das Augenlicht erhalten blieb, stiftete sie die schmerzhafte Muttergottes und gelobte, alljährlich auf den Knien von ihrem Hof bis zur Kapelle zu rutschen“. Eine abstruse, kaum zu glaubende Geschichte, die aber tief im Glauben der Ortsbewohner verhaftet war. Noch vor wenigen Jahren konnte sich eine alte Frau daran erinnern, dass sie als Kind mit anderen Familienangehörigen an einer solch beschwerlichen Kniewallfahrt zur Kapelle teilgenommen hatte.

Letzte Station auf unserer Reise durch den Landkreis Kronach ist das überaus einsam, in malerischer Landschaft gelegene Rundlingsdorf

Neuengrün. Erneut fahren wir ostwärts, doch ohne eine präzise Straßenkarte werden wir uns nicht zurechtfinden. Am westlichen Dorfrand suchen wir noch einmal eine Kapelle, an die merkwürdige Erinnerungen geknüpft sind. Man hat ihr in jüngster Zeit ein reichlich „modernes" Äußeres gegeben, das Innere ist jedoch schlicht und ursprünglich geblieben: über einem gezimmerten Altar hängt ein einfaches Kruzifix. Man erzählt sich, in Neuengrün habe um das Jahr 1900 eine reiche Witwe mit einem stattlichen Bauernhof gelebt. Einer ihrer Knechte, er stammte aus Enchenreuth, verehrte sie sehr und versuchte alles, um sie zur Frau zu gewinnen. Um seinen Wunschtraum wahr werden zu lassen, griff er sogar zu einem reichlich ausgefallenen Mittel: er gelobte den Bau einer Feldkapelle zur Ehre Gottes, sollte es zur Heirat kommen. Sein Versprechen schien die erhoffte Wirkung gezeitigt zu haben, denn bald darauf war er am Ziel seiner Wünsche und heiratete die reiche Witwe. Sein Versprechen allerdings vergaß er. Im fortgeschrittenen Alter — die Ehe war kinderlos geblieben — verkauften die beiden Eheleute bis auf ein Waldstück allen Besitz und übersiedelten nach Enchenreuth. Als er schließlich sterbenskrank darniederlag, der Tod aber letztlich nicht kommen und ihn erlösen wollte, erinnerte er sich an seine unbeglichene Schuld. Auf dem Sterbebett gebot er den Verkauf des verbliebenen Neuengrüner Waldstückes und verpflichtete den Käufer, einen Teil des Erlöses zu nehmen und dafür eine Kapelle bauen zu lassen — was dann so

Feldkapelle von Neuengrün, Lkr. Kronach

geschah. Auch heute noch meidet man des Nachts gerne diesen Ort, denn im Volksmund weiß man, dass es hier umgeht. Immer wieder werden in der Dunkelheit rund um die Kapelle flackernde Lichter gesehen. Ob der wortbrüchige Bauer doch noch nicht seine ewige Ruhe gefunden hat?

Claudius von Kleinziegenfeld

Der Radfahrer auf dem Felsen

Das Kleinziegenfelder Tal nördlich von Weismain im Lkr. Lichtenfels ist ein besonders schöner und naturverbundener Landstrich des Fränkischen Jura. Mit Recht darf man es als einen Ausläufer der Fränkischen Schweiz bezeichnen, denn es besitzt alle Kennzeichen jener Gegend: den gewundenen Bachlauf der Weismain, verkarstete und verkrustet aus dem Talgrund emporwachsende Kalkfelsen, alten Baumbestand und in den Bereichen, wo sich das Tal weitet, verbreitete Trockenrasen, von derben Wacholderbüschen durchsetzt.

Kleinziegenfeld, ein Dorf mit knapp 300 Einwohnern und heute Ortsteil von Weismain, besteht aus dem „Oberdorf" mit der ehemaligen Burg und dem „Unterdorf", wo die Weismain entspringt. Fährt man vom Oberdorf hinunter ins Tal, sieht man rechts der Straße Bachlauf und Felsenhang, und auf einem der Steinblöcke, zur großen Überraschung aller, die zum ersten Mal dieses Tal erleben, einen Radfahrer! Man mag zunächst glauben, da sei wirklich ein Verrückter unterwegs, doch bei näherem Hinsehen wird rasch offenkundig, dass es sich um Attrappe handelt. In Franken, das kann dieses Buch beweisen, ist man vor unglaublichen Überraschungen und Geheimnissen niemals sicher. Aber wie soll man sich dieses Kuriosum erklären?

Blick in das Kleinziegenfelder Tal

Dorf, Kirche und Tal von Kleinziegenfeld sind ein beliebtes und lohnenswertes Ausflugsziel

Vorauszuschicken ist, dass es zu Anfang unseres Jahrhunderts im Bereich der Fränkischen Schweiz eine unerklärbare, heute reichlich seltsam anmutende Marotte war, auf markanten, gut sichtbaren Felsen Soldatenfiguren, Reiter oder sogar Geschütze aufzustellen. Die Kleinziegenfelder wollten dem wohl nicht nachstehen, und im Jahre 1905 entstand in bierfreudiger Stammtischrunde der Plan, ein ähnliches Zeichen zu setzen. Wilhelm Ammon soll der Ideengeber gewesen sein. Er schnitzte aus Holz Kopf und Beine des Radlers, der Körper wurde aus einem mit Sägespänen ausgestopften Sacktuch geformt. Eine helle, blau gestreifte Hose, darüber ein schwarzer Schwalbenschwanzrock und der verwegene dunkle Hut gaben dem Radfahrer ein eindrucksvolles Aussehen. „Einen ausgefallenen Namen muss er bekommen, und einen gescheiten dazu!“ meinte Wilhelm Ammon, und taufte den Kleinziegenfelder Radler „Claudius“. Es war ein Riesenspaß, als das neue Wahrzeichen des Ortes am Pfingstsamstag 1905 auf den Felsen gebracht und auf ein hölzernes Hochrad gesetzt wurde, das sorgfältig im Felsgestein zu verankern war.

Nicht fest genug, denn schon 1909 zerrte ein heftiger Sturmwind an Claudius und warf ihn schließlich rücksichtslos von seinem hohen

Standplatz. Sehr zur Freude der Kinder, die mit der Figur ihren Schabernak trieben, wilde Touren mit ihm veranstalteten, bis schließlich das Rad zerbrach und in einem Straßengraben vor sich hin moderte. Der ausgestopfte Radfahrer allerdings „wanderte“ eine Zeit lang durch das Dorf, denn immer wieder griffen ihn sich die Burschen, wenn sie vom Wirtshaus heimkamen, um ihn vor eine Haustüre zu stellen oder auch — welche Infamie! — in ein „Häuschen mit Herz“ zu setzen. Den Schreck der Hausbewohner bzw. Häuschenbesucher kann man sich lebhaft vorstellen ...

Irgendwann ging es mit Claudius I. zu Ende und er verrottete hinter irgendeinem Stadel im Gebüsch. Inzwischen war der Erste Weltkrieg ausgebrochen und die Menschen hatten andere Sorgen und Gedanken, als sich um eine verrückte, reichlich überflüssige Figur zu kümmern. Als der Alltag wieder eingekehrt war, mag am Wirtshaustisch da oder dort der Gedanke aufgekommen sein, Claudius zu neuem Leben zu erwecken. Aber es dauerte noch etliche Jahre, bis aus der Idee Realität wurde und die Mitglieder des Gesangvereins „Liederkranz“ die Initiative ergriffen. 1930 — erneut war es der Pfingstsamstag — wurde Claudius II. auf seinen ihm zustehenden Platz geschafft und sogar mit einem für diesen Anlass geschaffenen „Claudiuslied“ gefeiert. Anton Preißinger, der Dirigent des Gesangvereins, und Johann Dorsch waren die maßgeblichen Betreiber gewesen, diese verrückte Figur erneut aufzustellen.

Beim Ausbruch des Zweiten Weltkriegs musste der Radfahrer auf behördliche Anordnung vom Felsen genommen werden und wurde samt seines Stahlrosses auf einem Dachboden im Dorf abgelegt. Jahre später, als die Bäuerin von ihren Kindern ungewollt die Bemerkung hörte, mit der Figur könne man jemand doch einen Streich spielen, meinte sie „Euch werd' ich's geben!“ und zerhackte Claudius II. zu Brennholz.

1949 erinnerte sich der Gastwirt Georg Kauppert an jene belustigende Wirkung, die der Kleinziegenfelder Rader auf seine Gäste und „Sommerfrischler“ stets gemacht hatte und motivierte seinen Nachbarn Felix Dorsch, eine neue Figur zu schnitzen. „Claudius III.“ entstand — und so grüßt noch heute jener verrückt anmutende, ein Fähnchen haltende Radfahrer vom Kalksteinfelsen im Kleinziegenfelder Tal.

„Mein Herz ist selbst ein Monument“

Die Fingalshöhle von Obernzenn

Auf unserer Fahrt durch die drei fränkischen Bezirke sind wir auf reichlich wundersame Denkmäler gestoßen. Eines aber, es handelt sich um ein einzigartiges Naturdenkmal, haben wir bislang noch ausgelassen.

Um diesen geheimnisvollen Ort in der Natur zu finden begeben wir uns nach Mittelfranken in die Nähe von Bad Windsheim. Südöstlich davon liegt Obernzenn, ein Ort, der vor allem durch das „Blaue Schloss“ der Freiherren von Seckendorff bekannt ist; die 1747 entstandene Eisengussbrücke über den Schlossgraben gehört zu den ältesten technikgeschichtlichen Denkmälern Bayerns und ist besonders bemerkenswert. Oberhalb, nördlich des Ortes, direkt am Waldrand, führt die so genannte „Panzerstraße“ in die freie Landschaft. Wenn wir ihr einige Meter weit folgen, dann sehen wir rechts von uns mächtige rotfarbene Schilfsandsteinbrüche, die sich tief unter das Straßenniveau in den Erdboden gegraben haben. Unschwer erkennen wir an einem der Felsen ein Schild mit der Aufschrift: „Please protect this historic sight“ — „Bitte schützen Sie diesen historischen Platz!“ Wir sind am Ziel, an dem geheim-

Die Fingalshöhle von Obernzenn — ein aufgelassener Schilfsandsteinbruch

Hebrideninsel Staffa, vor der Küste im äußersten Nordwesten Schottlands gelegen: hier befindet sich die „echte" Fingalshöhle

nisumwobenen, von zahlreichen Deutungen begleiteten Platz der „Fingalshöhle".

Wir steigen in die Schlucht hinunter und stellen sehr rasch fest: eine Höhle haben wir hier nicht vor uns, wohl aber einen rechteckigen Raum, der in die Erde hineingegraben worden ist und gerade, nahezu künstlich glatt wirkende Wände besitzt. Auffallend sind zahlreiche Inschriften und Namenszüge, die meisten von ihnen trotz der Verwitterung noch gut lesbar. Was hat es damit auf sich?

Im Zeitalter der Romantik, das in der Regel für die Jahre zwischen 1790 und 1830 angesetzt wird, war neben anderen und wesentlichen geistigen Strömungen eine ausgeprägte Hinwendung zur Natur zu beobachten. So nimmt man heute an, dass die jugendlich beschwingten, von den neuen Idealen ihrer Zeit beseelten Mitglieder des adeligen Hauses von Obernzenn jenen Steinbruch oberhalb des Ortes für sich und ihre Freundschaften als willkommenes Ausflugsziel entdeckten, wo man unter Bäumen in einem scheinbar abgeschlossenen Ambiente dem Naturgefühl besonders nahe sein mochte. Die Romantik hatte Auswirkungen auf die Literatur, auf Brentano, Eichendorff und zahlreiche andere bekannte Dichter deutschen Sprachschaffens.

Johann Gottfried von Herder entdeckte innerhalb dieser geistigen Bewegung ein Werk des schottischen Dichters James Macpherson *„Fragments of ancient poetry"*, die dieser 1760 veröffentlicht und als Übersetzungen alter gälischer Lieder des sagenhaften Sängers Ossian ausgegeben hatte — obwohl es sich um seine eigenen Plagiate handelte. Herder war von dem Ossian-Epos so begeistert, dass er es gleichwertig neben die Bibel und die Dichtung Homers stellte und es als beispielhaftes Dokument der Weltliteratur pries (1774). Die düsteren Naturbeschreibungen und

Der Eingang zur Fingalshöhle auf Staffa

der vorwiegend melancholische Tonfall dieser Dichtung beeinflussten die deutschen Dichter des „Sturm und Drang“, im ossianischen Stil zu schreiben.

Ossian ist in der irischen Sagenwelt ein mythologischer Held und Barde des 3. Jh. n. Chr., der im Alter erblindete und als Dichter und Sänger die Ruhmestaten seines Vaters Finn verherrlichte. Finn Gall, kurz auch Fingal genannt, soll als Anführer einer tapferen Gruppe von Krieger-Dichtern in den Wäldern, von der Jagd und vom Kampf gelebt haben. Seine Naturverbundenheit, die Urwüchsigkeit, der Kampf gegen Unterdrükkung und für neue Ideale — all diese in den Ossiangesängen geschilderten Motive wirkten sich in der deutschen Literatur der Romantik aus und verfehlten in der jungen Generation, vorwiegend des gehobenen elitären Standes ihre Wirkung nicht. Der Drang zur Natur mag deshalb bei den jungen Mitgliedern des Hauses Seckendorff dazu geführt haben, in den wildromantischen Steinbrüchen des nördlich von Obernzenn gelegenen Sechersteinberges dem Gedächtnis des sagenhaften Fingal zu huldigen und diesen Ort als „Fingalshöhle“ zu bezeichnen. Die „echte“ Fingalshöhle liegt im äußersten Nordwesten Schottlands, auf der kleinen, unbewohnten, nur einen halben Quadratkilometer umfassenden Hebrideninsel Staffa, die vulkanischen Ursprungs ist; ein geheimnisvoller Ring schlanker, aufrecht stehender Basaltsäulen umgibt das unbewohnte Eiland, das wegen seines ungewöhnlichen Aussehens zu den großen Naturwundern der Erde zählt. Die Basaltformationen der Insel sind urgewaltig und entsprechen dem felsigen Küstenabschnitt „Giant’s Causeway“ auf dem gegenüberliegenden Nordirland. Die größte ihrer zahlreichen Grotten ist die nach Finn Gall genannte „Fingals Cave“ und hat die beträchtlichen Ausmaße von rund 70 m Länge, bis zu 12 m Breite und

20 m Höhe. Bei Flut ist ihr Boden vom Wasser des Atlantik durchspült. Die anbrausenden Wogen erzeugen in der Höhle ein rhythmisches, melancholisch stimmendes Geräusch. Schon seit weit mehr als zwei Jahrhunderten ist diese naturgewaltige Höhle weltberühmt, nicht zuletzt durch den Besuch von Felix Mendelsson-Bartholdy, der sie im August 1829 besuchte und von ihrer Ausstrahlung und dem Klang des Meeresrauschens in der Grotte so beeindruckt war, dass er ihr seine „Hebriden-Ouvertüre“ widmete. Der englische Impressionist William Turner hielt die eigenartige Stimmung des Lichts auf seinem Gemälde „*Staffa*“ fest. Queen Victoria, die die Höhle besichtigte, soll sie euphorisch so beschrieben haben: „*Als wir um eine Ecke bogen, um in die bekannte Fingalshöhle einzutreten, war die Wirkung fantastisch — wie der Eintritt in eine riesige überwölbte Halle. Das Meer ist unendlich tief unter der Höhle, die Felsen leuchten in allen Farben — rosa, blau und grün — und hatten eine wundervolle und ständig wechselnde Wirkung auf das Auge ...*“.

Diesem sicherlich unvergesslich schönen Eindruck der schottischen Fingalshöhle kann die Schlucht des Obernzenner Steinbruchs zwar nicht standhalten. Einen Besuch ist die fränkische „Fingalshöhle“ aber trotzdem wert, und wer die in diesem Buch beschriebenen geheimnisvollen Stätten schätzt, wird sie sich bald einmal als Ziel eines Ausflugs wählen. Dies umso mehr, als die vielen, wegen der Verwitterung zahlenmäßig nicht mehr präzise fassbaren Inschriften eine rätselhafte Bizarrerie darstellen:

Beginnend um 1690 sind Texte bis ins 19. Jh. hinein angebracht worden. Besucher unserer Tage

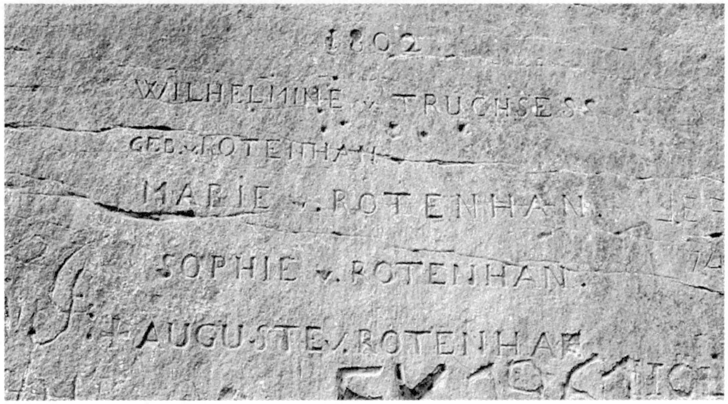

konnten nicht darauf verzichten, ihre Initialen und mehr oder weniger sinnvollen Kommentare hinzuzufügen. Vor allem lesen wir — unübersehbar weil besonders groß und deutlich gemeißelt — die Namen adeliger Familien, die wohl mit den Seckendorff befreundet waren und sich mit ihnen in der „Fingalshöhle“ trafen: v. Guttenberg, v. Truchsess, v. Rotenhan und andere.

Besonders auffallend sind zwei Inschriften in französischer Sprache. Die eine verherrlicht das Andenken des Hauptmanns v. Erckert („Le capitaine v.l. de Erckert“), die ins Deutsche übertragen folgendermaßen lautet:

> „Der Hauptmann V.L. von Erckert
> fiel in der Schlacht von Mongommery
> in Amerika am 16. Oktober 1777
> im Alter von 42 Jahren.
> Sein Andenken ist tiefer eingegraben
> im Herzen seiner Witwe als
> sein Name auf diesem Stein.“

LE CAPITAINE V. L. DE
ERCKERT
Fut tué a l'attaque de Mongommery en Amrique le 16. Oct.
1777 a l'age de 42 ans.
Son souvenir est gravé
plus profondement dans
le Coeur de sa Veuve que
son Nom sur cette Pierre.

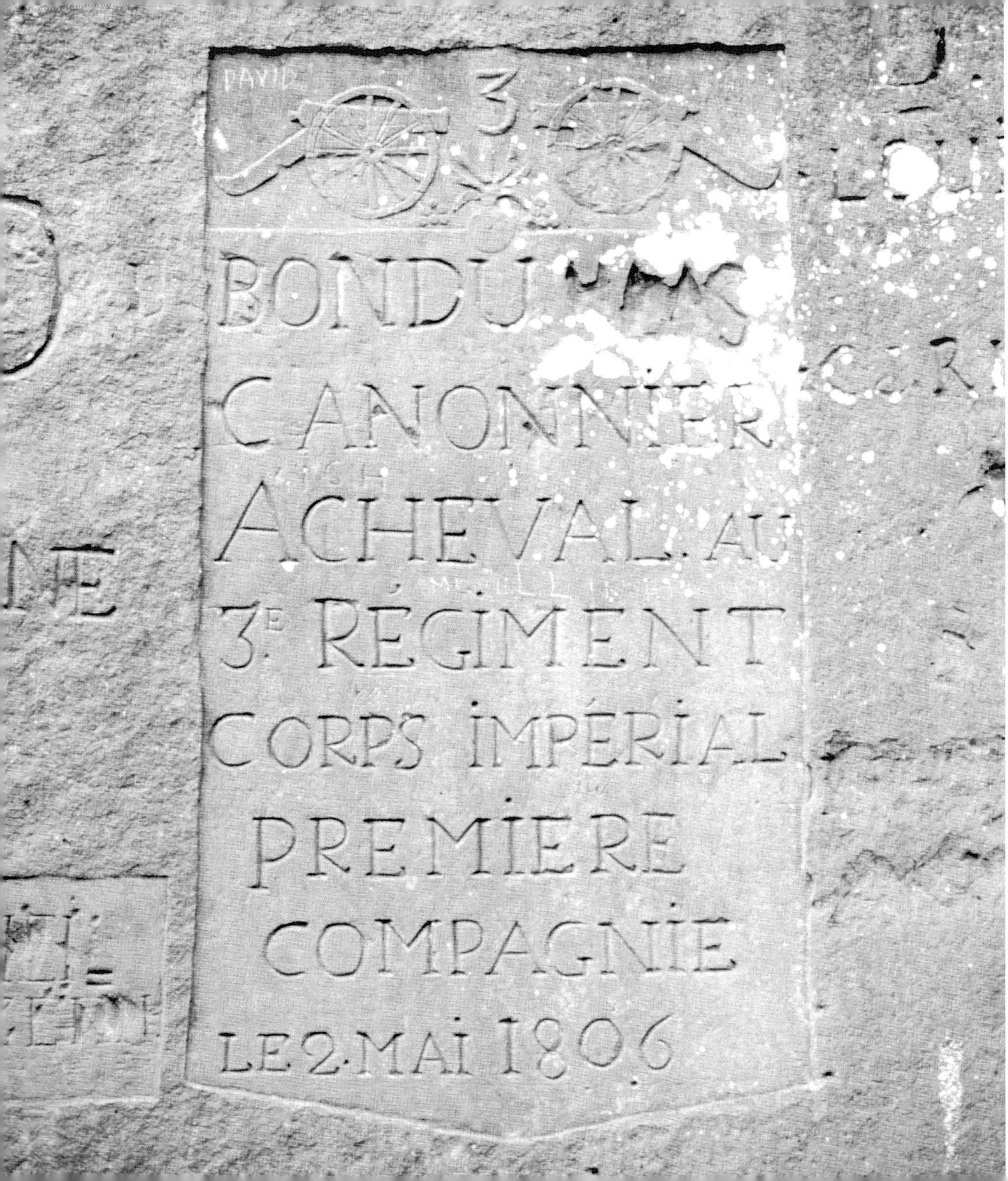
DAVID
3
BONDU
CANONNIER
ACHEVAL AU
3E RÉGIMENT
CORPS IMPÉRIAL
PREMIERE
COMPAGNIE
LE 2 MAI 1806

limks:
Inschrifttafel des Kanoniers Bondu 1806

Der Text ist wohl nur deshalb in französischer Sprache verfasst, weil dies damals in gebildeten Kreise Mode war. Diese Inschrift ist ein überaus eigentümliches weil ausgefallen seltenes Dokument für den amerikanischen Unabhängigkeitskrieg 1776-1783. Vermutlich hat ein Angehöriger des Capitains, der im Dienste der Seckendorff stand, die Anbringung dieses Textes bei seiner Herrschaft durchsetzen können. Immerhin passten dessen Lebenswerk und seine Ruhmestaten offenkundig in die idealistischen Vorstellungen der von der Aufklärung beseelten adeligen Jugend. Hauptmann v. Erckert war Anführer einer Kompanie im Dienste des Markgrafen Carl Alexander von Ansbach und Bayreuth, der wie viele andere kleine Landadelige in der Nachahmung absolutistischer Lebensweisen hoffnungslos verschuldet war und deshalb Soldaten seines Herrschaftsgebietes als Hilfstruppen an die Engländer für deren Kampf gegen die amerikanischen Kolonien vermietete. Am 9. März 1733 traf ein großes Kontingent von Soldaten in Ochsenfurt ein, darunter auch die Truppe des Hauptmanns v. Erckert. Die Stimmung unter den Männern war überaus gedrückt, denn sie sollten ja gegen ihren Willen in eine schrecklich ungewisse Zukunft verschickt werden. Die Kälte, die Enge der Schiffe, mit denen sie über Main und Rhein zum Atlantik gebracht werden sollten, aber auch der von der Bevölkerung an die Soldaten ausgeschenkte Wein und umlaufende aufrührerische Parolen taten ihr Übriges und führten schließlich noch vor der Abfahrt zu einer heftigen Meuterei im Hafen. Es soll v. Erckert gewesen sein, der die Leute beruhigen konnte, ehe der alarmierte Markgraf eintraf und selbst das Kommando übernahm. Er ließ sich von dem kleinen Hafen seiner mainfränkischen Handelsstadt Marktsteft aus einschiffen und begleitete auf einem Personenschiff den Soldatentransport bis zur Übernahme durch die Engländer in Dordrecht; hier stiegen seine Untertanen auf englische Hochseeschiffe um und wurden in den Krieg nach Amerika befördert. Markgraf Carl Alexander hatte bei seinem Amtsantritt von seinem Vater eine Schuldenlast von 5 Millionen Gulden übernommen, die er durch den Verkauf von Soldaten um immerhin 1,75 Millionen lindern konnte.

Die fränkischen Söldner fanden in Amerika widrigste Bedingungen vor und hatten nicht nur gegen den ihnen aufgezwungenen Feind, sondern auch unterschiedlichste Witterungsverhältnisse, Krankheiten, Vergiftung — und ihr Heimweh! — zu kämpfen. Hauptmann v. Erckert muss sich in diesen schwierigen Zeiten besonders hervorgetan haben; bei der Erstürmung des Fort Clinton am 16. Oktober 1777 wurde er schwer verwundet und starb wenig später in New York.

„Mein Herz ist selbst ein Monument …“

So ist diese Inschrift der „Fingalshöhle“ nicht bloß eine Merkwürdigkeit, sondern vielmehr ein eindrucksvolles Dokument eines sehr trüben Kapitels der fränkischen Geschichte und ihrer von einer egoistischen Herrschaft bestimmten Menschen. Warum die adelige Clique derer v. Seckendorff den Hauptmann durch diesen Text in ihrem romantischen Steinbruch verherrlichte, mag an seiner legendären Tapferkeit gelegen haben — doch widersprüchlich, in sich widersinnig ist das doch. Immerhin hatte v. Erckert im Hafen von Ochsenfurt nicht die Freiheitsbestrebungen seiner Männer, sondern die Machtbewahrung seines Markgrafen unterstützt — ein krasser Gegensatz also zwischen den schwärmerischen Ideen der Aufklärung und romantischen Idealen und der harten, bitteren, ja sogar unmenschlichen Wirklichkeit der kleinen Leute! Wenn wir alle diese Gedanken in uns tragen, mag uns beim Betrachten der Inschrifttafel schon der Schauer der Geschichte über die Haut rieseln …

Rechts der Erckert-Tafel finden wir in der Steinwand eine zweite französische Inschrift mit der Abbildung einer Kanone. Sie stammt aus der napoleonischen Zeit, als nach 1792 die ehemalige Markgrafschaft an Preußen gekommen war und zeitweilig unter französischer Besatzung und Verwaltung stand. Markgraf Carl Alexander hatte es inzwischen vorgezogen, mit seiner Geliebten in das befreundete England überzusiedeln; 1791 verdingte er seine Grafschaft gegen eine stattliche Leibrente an Preußen. Der Vertrag dazu wurde in Berlin ohne Wissen der Bevölkerung ausgehandelt und beschlossen. 1806, als eine Truppe französischer Soldaten um den Kanonier Bondu in Obernzenn lagerte, muss dieser, angeregt durch die vielen Inschriften und vielleicht auch den Erckert-Text in seiner Landessprache, seine eigene Erinnerung in den roten Sandstein graviert haben.

Der Reiz, sich zwischen adeligen Namen zu verewigen, hat in der Folgezeit und bis heute immer wieder Besucher des Steinbruchs angeregt, Namen, Initialen und Texte einzugravieren. Die „Fingalshöhle“ ist wegen ihrer geschichtlichen und naturkundlichen Bedeutung sowohl unter Denkmal- als auch unter Naturschutz gestellt.

Eine der ältesten Inschriften sei wegen ihrer romantischen Emotionalität am Ende dieses Kapitels zitiert, weil sie in besonderer Weise die Motive und Stimmungslagen jener Zeit widerspiegelt:

„Nach manchem Wechsel und Sturm verlebte
L.G.H.v.T.
Die glücklichsten Tage seines Lebens
Zu Obernzenn
In dem Hause der verehrungswürdigsten Mutter und
Ihrer Kinder
Der Danckbarkeit und Ehrfurcht sey dieses Denkmal heilig!
Doch Maurer schone deinen Meissel
Mein Herz ist selbst ein Monument
Den 18ten April 1780“.

Sprechende Kostbarkeiten

Die Symbolwelt romanischer Portale

Das Zeitalter der Romanik, von den Kunsthistorikern heute auf das 10.-13. Jh. festgeschrieben, war eine merkwürdige, uns heute recht düster erscheinende Epoche. Der Alltagsmensch empfand in jener Zeit sein Leben und dessen Beschwernisse als gottgewollte Last, es war eine Sühne für den Sündenfall und deswegen unvermeidlich mühevoll. Wurde man von Schicksalsschlägen, von Missernten, Krankheiten oder Tod heimgesucht, war man stets geneigt zu glauben, das alles als Zeichen Gottes zu deuten. Das Leben im Diesseits war eine Bewährungsprobe für das bessere Leben im Jenseits. Kirche und religiöser Glaube spielten im Denken und Fühlen der Menschen eine zentrale Rolle, aus der christlichen Heilshoffnung schöpfte man Mut für die Drangsale des Jetzt.

Das Ziel menschlichen Daseins war die Blickrichtung in das eigentliche Leben nach dem Tode. Diese Grundidee sollte sich auch in den Bauwerken und in der Kunst widerspiegeln. So war der Rundbogen nicht bloß eine technische Möglichkeit des Wölbens und der Tragekraft, sondern zugleich Spiegelbild des ausgewogenen, beseelten Kräftespiels. Schmuckformen an den Kapitellen der Pfeiler, die Figuren am Portal, jegliches Dekorationselement waren nicht als bloße Zierde gedacht, sondern besaßen stets eine immanente symbolhafte Bedeutung. Ein Taufbecken wurde nicht geziert um der Schönheit willen, sondern um eine Botschaft auszusenden, ein Lobpreis Gottes zu sein. Die Gesamtkomposition eines Portals war wie ein Bilderbuch, das von der Erlösung von Dämonen, Teufeln und bösen Geistern durch Christi Heilstat erzählen sollte.

Wir alle kennen die reiche, schier unerschöpfliche Vielfalt romanischer Portale, wie wir sie in der Toskana oder in der Provence sogar an kleinen Kirchen und in unscheinbaren Orten vorfinden. In Franken mag es auf den ersten Blick der Bamberger Dom sein, dessen romanische Eingänge im Gedächtnis haften und von denen das Fürstenportal (1237) besonders bemerkenswert ist. Doch auch auf dem weiten Lande — und damit sind wir wieder beim Anliegen dieses Buches und dieser Veröffentlichungsreihe angelangt! — kann man prachtvolle romanische Portale finden. Die Suche führt uns querfeldbeet durch die drei fränkischen Bezirke:

Besonders archaisch mutet die Adamspforte des Bamberger Domes an. Ein normannischer Zickzackfries zieht sich in zwei halbrunden Reihen um den Portalbogen und verleiht diesem aus dem frühen 13. Jh. stammenden Eingang ein eigentümliches, fast fremdländisches Äußeres.

Romanisches Kapitell im Kreuzgan
der Karmeliterkirche in Bamber

Das aus miteinander verwobenen Dreicksornamenten bestehene Schmuckband ist eines der ältesten Motive der Menschheit überhaupt und kommt bereits in der Altsteinzeit als Ritzung auf Harpunen, Nadeln u.a. Gebrauchsinstrumenten vor. Die Bedeutung dieses in seiner Struktur so einfachen geometrischen Zeichens ist, weil ein elementares Ursymbol, besetzt mit vielfältigsten Deutungen. Sie verbinden sich mit der dreieckigen Form des Buchstabens „A“ als Sinnbild des Anfangs ebenso wie mit Interpretationen als Zeichen für das Wasser und die Fruchtbarkeit. Als „normannisch“ wird der Zickzackfries deshalb bezeichnet, weil er, ausgehend von der Normandie, innerhalb eines normannischen Baustils in die Gestaltung romanischer Kirchen einfloss und in verschiedensten Gegenden Europas zu beobachten ist. In Bamberg selbst treffen wir auf ein weiteres Zickzackportal an der Westseite der Karmelitenkirche, das wohl zeitgleich mit der Adamspforte oder unwesentlich früher entstanden ist. Die Ausprägung seiner Dreieckszaken ist zwar weniger reichhaltig und pla-

stisch, aber dennoch sehr eindrucksvoll. Bedauerlich ist allerdings der Zustand des Vermauertseins und der Vernachlässigung; was kann einem Portal Schlimmeres passieren, als seiner ureigensten Funktion des Öffnens, des Eintritt Gewährens beraubt zu werden?

Die Portalgestaltung mit einem normannischen Zickzackfries ist nicht auf Bamberg beschränkt, sondern findet weit draußen im Land zwei bemerkenswerte Vergleichsbeispiele. Das eine davon mag sogar älter sein und befindet sich an der Bergkirche St. Johannes d.T. von Großbirkach, einem einsamen Dorf auf der Steigerwaldhöhe nahe Ebrach. Um 1035 soll dieses Gotteshaus erbaut worden sein, eine benediktinische Gründung zur Zeit des Münsterschwarzacher Abtes Wolfher. Ein Steinrelief des Kirchenpatrons im Innern mit seinem Namen gilt als die älteste steinerne Reliefplastik Frankens. Das einfache, sehr schlichte aber wunderschöne Portal wird von einem unregelmäßig geformten normannischen Zackenfries umrahmt, der in den aufsteigenden Säulen der Türpfosten sehr spitz, im Bogenfeld stumpfwinklig ausgebildet ist.

Ebenso eindrucksvoll ist das wohl um 1230 entstandene Portal der kleinen Pfarrkirche von Bronn im Lkr. Bayreuth, die im Kern mittelalterlich, aber nach der Zerstörung im Dreißigjährigen Krieg deutlich verändert worden ist. Das Portal ist tief nach innen gefast, die Fase gliedert sich in sechs Stufen, die von unten in je drei schmalen und dicken, sich einander abwechselnden Rundstäben in die Höhe führen und sich übergangslos ohne Kämpferstein als normannische Zickzackarchivolte in den Bogen ziehen.

Bamberger Dom: Adamspforte mit normannischem Zackenfries (13. Jh.)

Romanisches
Zackenportal
Bronn,
Lkr. Bayreuth
(um 1230)

Westportal der Karmeliterkirche
in Bamberg (13. Jh.)

Romanisches Zackenportal.
Großbirkach, Lkr. Bamberg (11. Jh.)

Dreiecksornamente als Symbole der Fruchtbarkeit und hoffnungsfrohen Beginns sind Sinnbilder, die wir flüchtigen Menschen heute kaum noch erkennen. Wahrscheinlich brauchen wir kräftigere Eindrücke, farbenfrohere Bilder, um aufmerksam zu werden — wie wir sie am „Brautportal“ der St. Johanniskirche in Schweinfurt vorfinden. In mittelalterlicher Zeit wurden Trauungen oft vor dem Seitenportal einer Kirche geschlossen — so auch hier, und deshalb verwendete man alle Sorgfalt auf die ornamentale Gestaltung dieses Eingangs. Das Schweinfurter „Brautportal“ soll einst ein Tympanon und eine überdachte Vorhalle besessen haben, doch trotz dieses Verlustes ist es noch überaus eindrucksvoll:

Der runde Portalbogen ist großzügig geschwungen, eingeschlossen von Kehle und Wulst, nach innen gestuft, wo ein Rankenfries die Mitte des Bogenlaufes bildet. Bis in die feinste Einzelheit gestaltete Kletterpflanzen fügen sich zu einem dicht gewirkten Schmuckband. Fabulöses Drachengetier hält links und rechts Anfang und Ende des Frieses im Maul.

Von beeindruckender Symbolik ist jedoch die innerste Leibungsstufe. Sie erzählt uns eine in sich geschlossene Geschichte vom ewig wiederkeh-

Details vom Brautportal (13. Jh.)
an St. Johannis in Schweinfurt

renden Kampf des Guten mit dem Bösen. Links unten, mit den Füßen auf einem Menschenkopf, hocken Drachen übereinander, noch unbesiegt und ganz ihrem unheilvollen Wirken verfallen. Nach rechts, zum Altar im Innern gewendet, kämpfen Drachen mit einem Löwen. Er gewinnt den Kampf, denn rechts unten, am Ende dieser Bildergeschichte, sitzt er triumphierend und höhnisch grinsend auf einem verstümmelten Drachenkörper. Christus, der „Löwe von Juda", hat den Drachen, den Teufel und damit das Böse besiegt. Er schenkt dem Gläubigen das Heil und so hat dieses reiche Portal vielleicht in alter Zeit so manchem Kirchgänger Trost und christliche Heilshoffnung vermitteln können.

Das Portal wird zu beiden Seiten von Wandpfeilern flankiert, die kapitellförmig in verschlungenen Pflanzenornamenten enden. Sie tragen Figuren des hl. Johannes d.T. (links, wohl aus dem 14. Jh.) und des hl. Apostels Johannes (19. Jh.). Überaus befremdlich, ja sogar makaber muten die vier Tierköpfe an, die die runden Konsolen tragen, von ihnen zerquetscht zu werden drohen und deshalb mit gequälten, schmerzverzerrten Mienen auf den Betrachter herunterstarren.

In Franken gibt es kaum ein Dorf, in dem sich nicht eine Kirche oder zumindest eine kleine Kapelle befindet. Ihre stilistische Vielfalt ist schier unerschöpflich, und doch gibt es herausragende Beispiele, die besonders von sich reden machen könnten, wenn sie der flüchtige Reisende oder auch der Einheimische selbst nicht übersehen und gröblich missachten würde. Eine solche Dorfkirche finden wir in Obermerzbach, noch zu Unterfranken gehörig, doch nahe dem oberfränkischen

links:
„Schlangenportal“ von Obermerzbach,
Lkr. Haßberge (13. Jh.)
rechts:
Palmettenfries als Rest eines romanischen Portals
(12. Jh.) am Kircheneingang von Massenbuch,
Lkr. Main-Spessart

Coburg, ein romanisches Gotteshaus, das dem hl. Michael geweiht ist und im Kern aus dem 13. Jh. stammt. Der Innenraum der Kirche ist von archaischer Unberührtheit und beeindruckender Schlichtheit, und wer die Stille sucht, um sich für ein paar Augenblicke der eiligen Hektik zu entziehen und Ruhe für sich selbst zu finden, ist hier am richtigen Ort. Das rundbogige Portal, von einem rechteckigen Blendrahmen umzogen, ist unverkennbar aus der Ursprungszeit der Kirche. Im unteren Bereich der Profilleisten sind tiefe Schürfrillen in den Sandstein gegraben; sie werden von der volkskundlichen Forschung recht verschieden interpretiert. Die am weitesten verbreitete Deutung ist die Annahme, dass Kirchenbesucher sich mit einem Messer oder einer Münze ein wenig Steinstaub aus den Rillen schürften, um diese „materia sacra“ mit nach Hause zu nehmen. Dort mengte man sie Speisen oder Arzneimitteln, ja sogar dem Viehfutter bei, um eine heilende Wirkung zu erzeugen. So wundert es nicht, dass wir solche eigentümlichen Schürfrillen vornehmlich an Kirchen, aber auch an Sokkeln von Heiligenstatuen oder Bildstocksäulen finden können.

Besonders beeindruckend am Obermerzbacher Portal jedoch ist die Reliefleiste im Sturz des Blendrahmens: zwei Schlangen winden sich einander zu und verschlingen ihre Köpfe miteinander. Auch wenn die Verwitterung bereits deutlich ihre Spuren hinterlassen hat so können wir doch noch recht eindeutig diese symbolhafte Darstellung erkennen. Täuschen wir uns, oder ist es richtig, dass die rechte der beiden Schlangen sogar zwei Köpfe trägt? Was das Schlangenmotiv bedeuten mag? Niemand hat bislang eine schlüssige Erklärung gefunden, und doch sei hier dennoch der Versuch unternommen:

In der Symbolwelt des menschlichen Denkens gibt es gute und böse Schlangen schon seit ältester Zeit — die doppelköpfige als Spiegelbild des Lebens und sich ständigen Erneuerns, also auch der Fruchtbarkeit, ausgelöst durch die Tatsache, dass sich Schlangen häuten und scheinbar das Alter abstreifen können — die andere als Sinnspiegel des Bösen, des Teufels, der Eva im Paradies zur Sünde gegen Gott verführt hat. Ist an unserem Portal also der Kampf des Guten gegen das Böse darge-

links:
Romanisches Portal in der Kirchenumfassung von St. Andreas in Retzstadt, Lkr. Main-Spessart (12. Jh.)
rechts
Romanisches Portal in Oberleinach, Lkr. Würzburg (um 1100)

stellt? War es eine Mahnung für den auf kräftige Bilder angewiesenen, weil des Lesens und Schreibens unkundigen Menschen des Mittelalters, auch für sich und in sich selber den Kampf des Guten gegen das Böse bewusst zu machen, um ihn zu bestehen und mit Hilfe des Glaubens in die rechten Bahnen zu lenken? Vielleicht können wir an diesem einfachen und ländlichen Beispiel der Romanik besonders eindrucksvoll erkennen, wie sehr in jener lange zurückliegenden Zeit Künstler und Steinmetze versucht haben, die Gedanken, die Ängste und Hoffnungen der Menschen zu befruchten. Obermerzbach darf auf unserer Reise durch das geheimnisvolle Franken nicht fehlen!

Romanische Kirchenportale sind auf dem weiten Lande häufiger anzutreffen, als man es auf den ersten Blick vermuten könnte. Im mittelfränkischen Raum sind mehrere kleine Kirchen in unmittelbarer Nachbarschaft zu nennen, Burgbernheim (Lkr. Neustadt/Aisch-Bad Windsheim) oder Steinsfeld (Lkr. Ansbach) z.B., aber auch das Portal von Gnötzheim im südlichen Landkreis Kitzingen. Manchmal sind es lediglich Reste, die aus alter Zeit überkommen sind, wie jener Palmettenfries über dem Eingang der kleinen Kirche von Massenbuch (Lkr. Main-Spessart), einem abgelegenen Spessartdorf nahe Gemünden: er zeigt zwei Löwen, die an einem Baum — dem Baum des Lebens? — fressen. Man vermutet, das Türfeld sei aus dem 12. Jh. und soll aus der nahe gelegenen Burgruine Schönrain hierher übertragen worden sein. Weil die Romanik eine so unglaublich lange

Sigismundkapelle Oberwittighausen,
Lkr. Main-Tauber (um 1150)

zurückliegende Geschichtsepoche ist, viele Kirchen im Laufe folgender Jahrhunderte verformt und umgebaut wurden, haben romanische Kunstwerke manchmal ihren ursprünglichen Platz verloren, man hat sie ihrer Funktion beraubt und auf die Seite gestellt. In nahezu tragischer Weise trifft diese Feststellung für das Portal der Kirche St. Andreas in Retzstadt nahe Karlstadt zu, das im 18. Jh. im Zuge barocker Umgestaltung nicht mehr wertgeschätzt und unterhalb der Kirche in eine Umfassungsmauer eingelassen wurde. Was für eine schäbige Abschiebung — denn der rote Buntsandstein besitzt in der Rundbogenkehle fantasievolle abstruse Tierbilder, die sich wie eine Kette um die Rundung winden. Ein rechteckiger Blendrahmen mit einem gewundenen Palmettenfries fasst das Rundbogenportal ein.

Prachtvoll, und Gott sei Dank noch an angestammter Stelle stehend, wenngleich die Kirche 1608 umgebaut wurde, ist das aus der Zeit um 1100 stammende Portal von Oberleinach nördlich von Würzburg. Das nach innen ausladend gefaste Gewände ist in vier Abstufungen profiliert, die erste und die dritte Stufung ruhen auf zierlichen, zerbrechlich wirkenden Säulchen. Darüber spannt sich von Seite zu Seite je ein engst verschlungenes Rankenwerk, das der Steinmetz mit großer Liebe zum Detail und bemerkenswertem Geschick gemeißelt hat. Formschönheit und vollkommene, untadelige Proportion strahlt dieser Eingang aus.

Ohne Vergleichsbeispiel aber ist das Portal der Sigismundkapelle von Oberwittighausen. Dieser

Romanisches Portal der Sigismundkape
Oberwittighaus

Figur eines Pilgers mit Jakobsmuschel am Portal der Sigismundkapelle

Portal der Sigismundkapelle: Detail

achteckige Zentralbau geht auf die Jahre um 1150 zurück, als ein heimgekehrter Kreuzritter aus Dankbarkeit und Gott zu Ehren dieses Gotteshaus stiftete; ähnliche bemerkenswerte Kapellen sind die von Standorf und Grünsfeldhausen. Die oberhalb von Oberwittighausen in markanter landschaftlicher Lage platzierte Kapelle strahlt auf den Besucher einen unvergleichlichen, unvergesslichen Reiz aus — und diese Behauptung ist keinesfalls eine Übertreibung. Besonderen Eindruck hinterlässt das Portal, dessen Figurenreichtum und Rätselhaftigkeit an keiner anderen ländlichen Kirche Frankens und seines Umlandes auch nicht annähernd zu finden ist.

Am frühen Morgen oder besser noch am späten Nachmittag, wenn das Sonnenlicht schräg auf die Kirche fällt, wirken die geheimnisvollen Darstellungen des Portals besonders stark auf uns. Der romanische Rundbogen ist in einen rechteckigen Blendrahmen gestellt und besitzt eine tiefe, schräg nach innen gewendete Leibung, die fast die ganze Mauerstärke beansprucht. Dicke rundbogige Wülste, getrennt durch spitze Stäbe und konkave Kehlungen gliedern die Fase. An den Kämpfersteinen, am Rundbogen selbst und im Rahmengeviert sehen wir über 40 verschiedene Einzelplastiken in bunter Folge. Untersuchungen haben ergeben, dass die Darstellungen oberhalb der Kämpfersteine durch Zerstörungen des Dreißigjährigen Krieges abgebaut und 1658 nicht mehr in der ursprünglichen Ordnung neu aufgerichtet wurden. So ist es heute unmöglich, eine schlüssige Interpretation der Gesamtheit der vielen Bilder und Symbole zu finden — einzelne sind sicherlich aus Vergleichsbeispielen anderer romanischer Kirchen zu erklären — und alle bisherigen Versuche der Deutung, welche Grundidee in dieser eigentümlichen Komposition steckt, müssen in das Reich der Vermutung verbannt werden. Vielfältiges, verschlungenes Blatt- und Rankenwerk, Vögel, Drachen, ein Krokodil, ein von einem Baum fressender Hirsch, nicht benennbare Fabeltiere, aber auch Sterne, Pyramiden, Blütenkronen, verschieden geformte Friese und Profile sowie menschliche Körper und Torsen fügen sich zu einem kunterbunten Kaleidoskop zusammen. Rechts des Portals in der Mauer ist ein Ungeheuer dargestellt, das an einen Pfahl gekettet ist und ein Menschenopfer in der Rechten hält. Im rechten Bogenzwickel steht ein Pilger mit seinem Stab, links an seinem Gürtel trägt er eine Reisetasche und die Jakobsmuschel.

Gerade dieses kleine symbolträchtige Detail macht uns bewusst, wie rätselhaft diese Kapelle letztendlich ist. Lag sie an einem alten Pilgerweg nach Santiago de Compostella? Das ist nur eine von mehreren Mutmaßungen; die Kapelle sei auf einem heidnischen Kultplatz und Quellheiligtum erbaut und man stehe auf einem prähistorischen Siedlungsplatz ist bislang ebenso unbewiesen wie die Behauptung, hier seien 1354 die Gebeine des hl. Sigismund bei ihrer Überführung von Burgund nach Prag vorbeigetragen worden und seitdem habe man die ursprünglich den Heiligen Nikolaus und Martin geweihte Kirche in „Sigismundkapelle“ umgetauft.

Ob Ursprung, Geschichte und Symbolik der Sigismundkapelle von Oberwittighausen jemals schlüssig und beweisbar aufgeklärt werden, ist reichlich unwahrscheinlich. Zweifelsfrei ist aber, dass die vielfältigen Portalbilder eine Botschaft an den Kirchenbesucher ausstrahlen sollten. Ob die Gläubigen damals beim Betrachten der düsteren Dämonen, der wilden Tiere und rätselbeladenen Dekorationen eine wohl tuende, Gewissen und Seele befriedende Botschaft ablesen konnten?

Literaturverzeichnis

Das folgende Verzeichnis enthält die für die einzelnen Kapitel verwendeten Literaturaussagen und Quellentexte. Eine Vorbemerkung dazu sei erlaubt:

Es wurde bewusst darauf verzichtet, innerhalb der Texte Fußnoten mit direkten Literaturhinweisen zu verwenden. „Unwissenschaftlich" ist die Darstellung dieses Buches trotzdem nicht. Das jeweilige Kapitelthema ist kurz gefasst und überschaubar; es ist deshalb nicht schwer, in den angegebenen Fundstellen eine gesuchte Aussage wieder zu finden. Im Übrigen ging es dem Autor ausdrücklich darum, ein „lesbares" Buch zu schreiben, in dem der Leser nicht allenthalben über störende Fußnoten stolpert, die seinen Lesefluss und Lesegenuss hemmen. Manche Publikationen ergehen sich leider in Zitierexzessen und haben auf manchen Seiten mehr Kommentare und Fußnoten als Texte; gerade historische Abhandlungen verlieren sich allzu oft in selbstgefälliger Zitierwut und scheinen nicht dazu angelegt, den „normalen" Leser erreichen zu wollen. Hat das so häufig beklagte mangelhafte Geschichtswissen und Geschichtsbewusstsein nicht auch darin eine wesentliche Ursache?

Dem Leser sei versichert: jedes der im Buch beschriebenen Einzelthemen ist sorgsam recherchiert und durch mehrfache Ortseinsichten gefestigt — also auf seine Weise untadelig wissenschaftlich.

Halseisen und Sitznische am Portal des Rathauses zu Bürgstadt, Lkr. Miltenberg (1592)

Die „Anhäuser Mauer“

DEHIO, G.: Handbuch der deutschen Kunstdenkmäler. Baden-Württemberg, S. 15. München 1964

GRÄTER, K.H./FUCHS, P.: Hohenlohe. Bilder eines alten Landes, S. 110. Stuttgart 1984

MATTERN, H.: Das Jagsttal von Crailsheim bis Dörzbach, S. 35/36. Crailsheim 1982

SCHLAUCH, R.: Hohenlohe-Franken. Bibliothek Deutsche Landeskunde, S. 42. Nürnberg 1980

LINCK, O.: Mönchtum und Klosterbauten Württembergs im Mittelalter. Stuttgart 1953

ZANZINGER, E.: Die Geschichte des Weilers und Klosters Anhausen. Anhausen 1958

Die Madonna vom Schloss Aschhausen

GRÄTER; K.H./FUCHS, P.: Hohenlohe. Bilder eines alten Landes, S. 118. Stuttgart 1984

SCHLAUCH, R.: Hohenlohe-Franken. Bibliothek Deutsche Landeskunde, S. 424. Nürnberg 1980

Wallfahrtskapelle St. Wendel am Stein

CLOOS, W.: St. Wendel am Stein. In: Die Christengemeinschaft 1957, S. 51/5

EBERT, F.: Der St. Wendel-Kapelle auf der Spur. Geschichte(n) aus über 2000 Jahren. Maschinenschriftliches Manuskript (unveröffentlicht). Dörzbach 1993

GRÄTER, K.H./FUCHS, P.: Hohenlohe. Bilder eines alten Landes, S. 116. Stuttgart 1984

MATTERN, H.: St. Wendel zum Stein — ein neues Naturschutzgebiet im Jagsttal. In: Blätter des Schwäbischen Albvereins 1980 Heft 4, S. 116/117

MATTERN, H.: Das Jagsttal von Crailsheim bis Dörzbach, S. 107. Crailsheim 1982

SCHÖNHUTH, O.: Die Kapelle zu St. Wendel am Stein im Jagsttal. In: Zeitschrift des historischen Vereins für das wirtembergische Franken 1853 3. Band Heft 1, S. 97-101

SCHÖNHUTH, O.: Das Altarbild in der Kapelle St. Wendel am Stein. In: Württemberg wie es war und ist 1863, Band 2, S. 430-480

Martinskapelle Bürgstadt

BETZ, J.: Bürgstadt, Kapelle St. Martin. Peda-Kunstführer, Passau 1989

GRIEBEL, H.: Comics aus dem Mittelalter. Seit 400 Jahren ohne Vergleichbares in ganz Deutschland. Main-Post vom 23.08.1996

SCHMITT, N.: Die alte Mutterpfarrei Bürgstadt und ihre ehemaligen Filialen. In: Würzburger Diözesangeschichtblätter 1971, S. 5-49

SCHMITT, N./BERBERICH, L.: Bürgstadt und seine Geschichte, S. 37-56. Bürgstadt 1984

Steinkreuze und Gedenksteine

BAUER, H.: Zeugen düsterer Ereignisse. Die alten Steinkreuze von Euerfeld und Schnepfenbach erinnern an Verbrechen in alter Zeit. = Nr. 43 der Dettelbacher Geschichtsblätter. Dettelbach 1980

BAUER, H.: Steinkreuze und Kreuzsteine. In: Der Landkreis Kitzingen, S. 219-221. Kitzingen 1984

BAUER, H.: Sagen und Geschichten aus Dettelbach, S. 26 ff. Dettelbach 1999

BUCKA, H.: Ein Gedenkstein und seine Geschichte. In: Heimatkalender für Fichtelgebirge und Frankenwald, 1975, S. 61-63

BUCKA, H./HELAND, O.: Grenzsteine, Flur- und Kleindenkmale im Landkreis Hof, S. 66/67. Hof 1991 (= Heft 6/1991 der Deutschen Steinkreuzforschung)

Konsolstein an Kirchenchor von St. Maria in Königsberg i.B., Lkr. Haßberge

DILL, K.: Kleindenkmäler im Landkreis Bayreuth. Pegnitz 1984

DILL, K.: Flurdenkmäler im Landkreis Kulmbach, S. 185-187. Kulmbach 1984 (= Heft 2/1984 der Deutschen Steinkreuzforschung)

GROSCH, F.: Bildstöcke und Steinkreuze im Landkreis Kitzingen, S. 22. Kitzingen 1970 (= Heft 1/1970 der Deutschen Steinkreuzforschung)

GROSCH, F./KOPPELT, H.: Bildstöcke und Steinkreuze. Landkreis Schweinfurt, I. Teil: Raum Gerolzhofen, S. 32, S. 106. Gerolzhofen 1975 (= Heft 3/1975 der Deutschen Steinkreuzforschung)

MEHLE, F.: Ein Wegweiser zu geheimnisvollen Sagenstätten von Haßbergen, Steigerwald und Fränkischer Schweiz. Kehl 1998

RADUNZ, E. und K.: Der Lkr. Lichtenfels in Geschichte und Geschichten. Lichtenfels 1982

SCHILD, W.: Alte Gerichtsbarkeit. Vom Gottesurteil zum Beginn der modernen Rechtsprechung, S. 153. München 1980

SEITZ, F.: Das Mordkreuz des Caspar Bruschius bei Rothenburg o.d.T. In: Das Steinkreuz 1973 Heft 3, S. 22-24

TREUTWEIN, K.: Von Abtswind bis Zeilitzheim. Der Landkreis Gerolzhofen, S. 80, S. 154. Gerolzhofen 1970

WITTMANN, L.: Was bedeuten die alten Steinkreuze? In: Im Bannkreis des Schwanbergs. Heimatkalender für den Landkreis Kitzingen, 1968, S. 134-138

WORSCHECH, R.: Bildstöcke — an den Wegen durch Unterfranken, S. 39-48. Würzburg 1994

Merkwürdige Bildstöcke

BAUER; H.: Die sagenumwobene „Sieben-Köpfe-Marter“ ist Teil der Dettelbacher Stadtgeschichte. In: Jahrbuch des Landkreises Kitzingen 1979, S. 144-146

BAUER, H./GROSCH, F./SCHNEIDER, K.: Bildstöcke und Steinkreuze im Lkr. Kitzingen, Band II, S. 18/19. Kitzingen 1979 (= Heft 1/1979 der Deutschen Steinkreuzforschung)

BAUER; H.: Bildstöcke und Flurdenkmäler. In: Der Landkreis Kitzingen, S. 208-218. Kitzingen 1984

DÜNNINGER, J./SCHEMMEL, B.: Bildstöcke und Martern in Franken. Würzburg 1970

MEHL, H.: Fränkische Bildstöcke. Würzburg 1978

SCHLEIFER, M.: Der Bildstock des Johann Valentin Moser in Dimbach. In: Das Steinkreuz 1973 Heft 3, S. 20-22

STUMPF, H.: Feldmartern im Landkreis Lichtenfels, S. 147. Lichtenfels 1995

WORSCHECH, R.: An den Wegen in Unterfranken: Bildstöcke. Würzburg 1994

Das Dettelbacher Mirakelbild

BAUER, H.: Sagen und Geschichten aus Dettelbach, S. 17-21. Dettelbach 1999

BAUER, H.: Die Wunder der Dettelbach-Wallfahrt und ihre Darstellung auf den Mirakelbildern in der Wallfahrtskirche. = Nr. 138-142 der Dettelbacher Geschichtsblätter. Dettelbach 1992

Das Mausoleum von Ziegelsdorf

BAYERISCHES LANDESAMT FÜR DENKMALPFLEGE: Befunduntersuchungen im Mausoleum des Werner v. Seebach in Ziegelsdorf 1993

SCHLEYER, W.: Ein mysteriöses Mausoleum. In: Frankenland 1979 Heft 10, S. 288-292

Königsberger Hausinschriften

HEISS-HERDEGEN, E.: Ein Königsberger Haus mit denkwürdigem Schmuck. In: Frankenland 1968 Heft 3, S. 70-72

METT, R.: Stadtführer durch Königsberg. Hofheim 1989

Das Apostelhaus zu Gochsheim

BEDAL, K./GEBHARD, H./WALD, A.: Bauernhäuser in Bayern: Unterfranken, S. 287-290. München 1996

Fachwerkdetail am Regiomontanushaus in Königsberg i.B., Lkr. Haßberge

Das „Uhrmacherhaus" in Königsberg i.B., Lkr. Haßberge (1733)

EPPIG, R.: Fenster und Plastik im ehem. freien Reichsdorf Gochsheim. In: Frankenland 1983 Heft 7/8, S. 219/220

HÖYNCK, K.M.: Das „Haus der Vier Gekrönten". In: Frankenland 1999 Heft 1, S. 51/52

SCHÄFER, O.: Geschichtsdenkmäler in Gochsheim. In: Die Mainleite 1962 H. 4

TREUTWEIN, K.: Kaleidoskop des Schweinfurter Umlandes. In: Frankenland 1975 Heft 4, S. 103/104

ZEILEIN, F.: Gochsheim — ein freies Reichsdorf, S. 83-88. Gochsheim 1991

Heilquelle von Amorsbrunn

KIRCHENFÜHRER (keine Autorenangabe, o.J.)

Oberfränkische Tanzlinden

FUNK, W.: Deutsche Rechtsdenkmäler mit besonderer Berücksichtigung Frankens, S. 35/36. Nürnberg 1938

KRAMER, K.S.: Volksleben im Hochstift Bamberg und im Fürstentum Coburg. Eine Volkskunde auf Grund archivalischer Quellen, S. 44/45. Würzburg 1967

MÜLLER, W.: „Wo diese stehen, herrscht Gerechtigkeit." Malstätten, Gerichts- und Tanzlinden im östlichen Franken. In: Archiv für die Geschichte von Oberfranken 1971, S. 39-88

RÖTTGER, B.H.: Über die Dorflinde. In: Bayerischer Heimatschutz 1928, S. 24-30

WALTER, E.: „Unter dem Lindenbaum …". Über die Linde in Oberfranken. = Heimatbeilage zum Amtlichen Schulanzeiger der Regierung von Oberfranken Nr. 230/231. Bayreuth 1996

WORSCHECH, R.: Kirchweihbräuche in Unterfranken. Unterfränkische Heimat, Beilage zum Amtlichen Schulanzeiger Nr. 2. Würzburg 1978

Das Hoftor zu Wiesenbronn

BAUER, H.: Hoftore und Pforten. Unbekanntes Franken Band I. Dettelbach 1996

HAUSCHRONIK der Familie Hüßner aus Wiesenbronn (Privatbesitz); veröffentlicht als Heft 1 der

Reihe „Materialien zur Erforschung früherer Umwelten". Sondheim v.d.Rh. 1991

Inschrifttafeln des Julius Echter

BAUER, H.: Julius Echter als Bauherr — oder: „public relations" im 17. Jahrhundert. = Nr. 145 der Dettelbacher Geschichtsblätter. Dettelbach 1993

EBERTH, W.: Fürstbischof Julius Echter im Spiegel seiner Bauinschriften. In: Ins Land der Franken fahren, 1964/65, S. 76-82

v. FREEDEN, M.H.: Fürstbischof Julius Echter als Bauherr. Mainfränkische Hefte Nr. 9, Würzburg 1951

HERBST, G.: Die Bautätigkeit des Julius Echter 1573-1617. Innsbruck 1967

KRENIG, E.G.: Pontifikat und Regierung des Fürstbischofs Julius Echter von Mespelbrunn 1573-1617. In: Ders. u.a. (Hrg.), Unterfränkische Geschichte Band III, S. 194 ff. Würzburg 1995

STAATSARCHIV WÜRZBURG: Memoriall — Bauberichte und Baubefehle zur Errichtung der Dettelbacher Wallfahrtskirche 1611-1614 (mit Nachträgen). Signatur Ms. f.72

Bonnland und Hundsfeld

ABSCHÜTZ, A.: Bonnland. In: Im Bannkreis des Schwanbergs. Heimatkalender für den Landkreis Kitzingen, 1961, S. 82-88

KESSLER, A.: Bonnland — einst Perle des Bachgrundes. Münsterschwarzach 1982

ORTMANN, W.: Bonnland — ein kleines Dorf mit großer Geschichte. Hammelburg 1995

SCHMITT, E.: Hundsfeld — ein verschwundenes Dorf. In: Ins Land der Franken fahren, 1965/66, S. 87-92

TRIEBEL, H.J.: Die Tochter Schillers. In: Main-Post vom 22.11.1997, S. M3

Klosterruine Aura an der Saale

KUMMER, S.: Die Kunst der Echterzeit. In: KOLB; P./KRENIG, E.G.: Unterfränkische Geschichte Band III, S. 677. Würzburg 1995

OSCHMANN, F.: Zur Geschichte der Benediktinerabtei Aura an der fränkischen Saale. Bad Kissingen o.J.

REININGER, N.: Die Benediktinerabtei Aura an der fränkischen Saale. Würzburg 1862

Die Segnitzer Judenschranken

BAUER; H.: Judenfriedhöfe im Lkr. Kitzingen. In: Jahrbuch des Lkr. Kitzingen 1979, S. 76

BISCHOFF, N.: Ein schweres Leben für die jüdische Gemeinde. Geschichten aus der Geschichte von Segnitz (4). Main-Post Kitzingen vom 21.04.1998

GROSCH, F.: Bildstöcke und Steinkreuze im Lkr. Kitzingen, S. 45. Kitzingen 1970

HENSEL, H.M./BISCHOFF, N.: Villa Segeniz. Bilder und Geschichten aus einem Dorf in Franken, S. 29/30. Segnitz 1992

Schlossruine Wässerndorf

BAUER, H.: Geschichte und Bestandsaufnahme der Schlossruine zu Wässerndorf. In: Jahrbuch des Landkreises Kitzingen 1981, S. 228-235

KESSLER, A.: Augenzeugenbericht über die Brandkatastrophe des Wässerndorfer Schlosses (handschriftliches Manuskript, unveröffentlicht, o.J.)

KNAB, A.: Seltsame Merktage. 19. Februar — 27. Februar — 6. März — 5. April 1945. Kitzingen 1948

Alte Gerichtsstätten

BAUER, H.: Zur Geschichte und Bedeutung des Dettelbach Prangers. = Nr. 173 der Dettelbacher Geschichtsblätter. Dettelbach 1995

FUNK, W.: Pranger in Mainfranken. In: Am fränkischen Herd, 1938, S. 25-34

FUNK, W.: Deutsche Rechtdenkmäler mit besonderer Berücksichtigung Frankens. Nürnberg 1938

HINCKELDEY, CH.: Justiz in alter Zeit. Band VI der Schriftenreihe des mittelalterlichen Kriminalmuseums Rothenburg o.d.T. Rothenburg 1984

KRAMER, K.S.: Bauern und Bürger im nachmittelalterlichen Unterfranken. Würzburg 1957

KRAMER, K.S.: Volksleben im Fürstentum Ansbach und seinen Nachbargebieten. Würzburg 1961

KRAMER, K.S.: Volksleben im Hochstift Bamberg und im Fürstentum Coburg. Würzburg 1967

KRAMER. K.S.: Fränkisches Alltagsleben um 1500: Eid, Markt und Zoll im Volkacher Salbuch. Würzburg 1985

SCHEMMEL, B.: Zu den Prangern von Stadtschwarzach und Dettelbach. In: Frankenland 1973 Heft 4, S. 82-85

SCHILD, W.: Alte Gerichtsbarkeit. Vom Gottesurteil zum Beginn der modernen Rechtsprechung, passim. München 1980

SCHILD, W.: Die Halsgerichtsordnung der Stadt Volkach aus dem Jahre 1504. Schriftenreihe des Mittelalterlichen Kriminalmuseums Rothenburg o.d.T. Nr. 2. Rothenburg o.d.T. 1997

TROST, W.: Der Wörther Galgen in Sage und Geschichte. In: Der Odenwald. Zeitschrift des Breuberg-Bundes 1984 Heft 4, S. 112-127

Billmuthausen

ALBERT, R.: Billmuthausen, Erlebach und Leitenhausen wurden zu DDR-Zeiten geschleift. In: Frankenland 1996 Heft 7, S. 174-181

FUCHS, N.: Billmuthausen — das verurteilte Dorf. Hildburghausen 1991

RÖSCH, B. u.a.: Grenzerfahrungen 1945-1990. Willmars/Mellrichstadt 1993

Das Geiselwinder Wurstmännlein

BAUER, H.: Geiselwind: das „Wurstmännchen". In: Jahrbuch des Lkr. Kitzingen 1979, S. 205-208

EBERTH, W.: Die Schweden im Dreißigjährigen Krieg — Auswirkungen auf Legenden und Heimatspiele in Franken. In: Frankenland 1998 Heft 5, S. 314-324

KLARMANN, S. /SPIEGEL, W.: Sagen und Skizzen aus dem Steigerwald, S. 107/108 und S. 284. Gerolzhofen 1912

Oberfränkische Wegkapellen

GRAF, R.: Wegkapellen im Lkr. Kronach. Heimatkundliches Jahrbuch des Lkr. Kronach Nr. 12. Kronach 1984

Claudius, der Radfahrer auf dem Felsen

URBAN, J.: Der „Claudius" von Kleinziegenfeld. In: Lichtenfelser Tagblatt vom 10. April 1971

Die Inschriften der Fingalshöhle Obernzenn

BUND, Die Fingalshöhle im Sontheimer Holz. Ein Beitrag des Bundes Naturschutz, Ortsgruppe Bad Windsheim, zur Heimatkunde. Bad Windsheim 1986

HUTHÖFER, R.: Der Hafen von Marktsteft. In: Jahrbuch des Lkr. Kitzingen 1982, S. 194-203

OBERNZENNER HEIMATBLATT Nr. 1 und 2, 1986

SCHMIDT, E.: Die Fingalshöhle. Ein in Stein gemeisseltes familien- und kriegsgeschichtliches Stammbuch. In: Schöne Heimat 1999 H.2, S. 103-104

Romanische Portale

BAUER, H.: Romanik. Unbekanntes Franken Band II. Dettelbach 1997

BEIGBEDER, O.: Lexikon der Symbole. Schlüsselbegriffe zur Bildwelt der romanischen Kunst. Zodiaque-Echter, Würzburg 1998

HECKMANN, O.: Romanische Achteckanlagen im Gebiet der mittleren Tauber. Freiburg i.B. 1941

LEUSCHNER, P.: Romanische Kirchen in Bayern. Pfaffenhofen 1981

SUCKALE, R. u.a.: Bamberg. Ein Führer zur Kunstgeschichte der Stadt. Bamberg 1989

THOUMIEU, M.: Die Bildwelt der Romanik. Zodiaque-Echter, Würzburg 1998

Eine Vorschau:

Worüber der 2. Band „Geheimnisvolles Franken“ berichten wird:

Von Geistern und Seelenbeschwörung
Die Burgruine von Altenstein

Ungewisse Herkunft
Die „Hölzernen Männer“ von Baunach

Prächtige Selbstdarstellung
Das Hoftor von Gauaschach

Das Fachwerkhaus auf der Kapelle
Die „Heilsbronner Kanzel“

Manchmal tickt sie nicht richtig
Hans Sychers Ochsenfurter Rathausuhr

Wie man böse Geister verscheucht
Fratzensteine und Neidköpfe

Doppelter Schutz
Die „Zwei-Seiten-Madonna“ von Nordheim am Main

„Du lieber Kauz erquickst mein Schnauz“
Der seltsame Ochsenfurter „Kauzentrunk“

Würfelspiele unter den Linden
Die Baille-Maille-Allee von Himmelkron

Rätselhaftes Fabeltier am romanischen Portal der Sigismundkapelle Oberwittighausen, Lkr. Main-Tauber

Schmuckvolle Schürzen
Fensterdekorationen im Bayreuther Land

Der fürstliche Dorfbrunnen
„Jesus und die Samariterin“ in Neundorf

Ein unlösbares Rätsel?
Das Kloster Unterregenbach

Heilmittel für Leib und Seele
Der Moritzbrunnen von Leutenbach

Das Skelett unter dem Trittstein
In der Kirchenburg von Serrfeld

Archaisches Alter
Der karolingische Bildstein von Einstkirchen

Gelassene Heiterkeit
Rokokomalereien in der Kleinbardorfer Kirche

Hexenstühle und Mordsteine
Seltsame Denkmäler an merkwürdigen Orten

u.a. Geheimnisse mehr !

Tierköpfe als Konsolsteine am romanischen „Brautportal“ von St. Johannis in Schweinfurt

Unbekanntes Franken

Die Buchreihe aus dem Verlag J.H. Röll Dettelbach schließt eine Lücke in der überfrachteten Franken-Literatur.

Sie führt den Leser aufs weite Land hinaus und zeigt ihm die dichte Fülle kleiner Denkmäler und Besonderheiten Frankens.

Sie lädt ein zu einer „Schule des Sehens", zu einer Entdeckungsreise hin zu „Franken, wie es kaum jemand kennt"!

Die Buchreihe enthält die folgenden Themen:

Band I: Hoftore und Pforten (1996)
Band II: Romanik (1997)
Band III.1: Geheimnisvolles Franken Teil I
Band III.2: Geheimnisvolles Franken Teil II (erscheint 2000)
Band IV: Rathäuser — Schauplätze fränkischer Alltagsgeschichte (2001)
Band V: Stadttore und Tortürme
Band VI: Brunnen
Band VII: Brücken
Band VIII: Alte Gasthäuser und ihre Ausleger
Band IX: Dorfkirchen und Wegkapellen
und weitere Themen mehr!

ORTSREGISTER

16 Erwähnung im Text
17 Abbildung

Z